Sternstunden der Bibel

Klaus Güntzschel

CLV

Klaus Güntzschel
Sternstunden der Bibel

Wenn nicht anders vermerkt, sind die Bibelzitate
der überarbeiteten Elberfelder Übersetzung 2003,
Edition CSV Hückeswagen, entnommen.

1. Auflage 2022
2. Auflage 2023

Ravensberger Bleiche 6 · 33649 Bielefeld
Internet: www.clv.de

Satz und Umschlag: Lucian Binder, Marienheide
Druck und Bindung: CPI books GmbH, Leck

Artikel-Nr. 256670
ISBN 978-3-86699-670-0

Inhaltsverzeichnis

Gewidmet meiner lieben Frau Ute

Vorwort

Sternstunden der Menschheit – dieses Buch von Stefan Zweig habe ich als Jugendlicher verschlungen. Im Geiste stand ich neben Kolumbus an Deck der »Santa Maria«, habe das »Hallelujah« von Händel geschmettert und mir beim Kampf um den Südpol fast eine Erkältung zugezogen. Spaß beiseite: Diese gesammelten Begebenheiten markieren brillante Momente der Menschheitsgeschichte bis hin zur »Flucht zu Gott« – dieser seltsamen und irgendwie unvollendeten Reise Tolstois zu dem ewigen, einzigen Gott. Es ist eine Sammlung von Heldentaten, von denen manche in jedem Geschichtsbuch stehen, andere aber bald in Vergessenheit gerieten. Aber immer läuteten sie neue Epochen ein oder zeigten Wegscheidungen auf.

Doch auch wenn es noch heute ein literarischer Genuss ist, in diesem Buch zu lesen, liegt für mich ein Schatten darauf. Denn Stefan Zweigs Lebensende passt so gar nicht zu den heroischen Darstellungen. Es macht die Botschaft seines Buches zunichte. Es leuchten keine Sterne mehr – stattdessen: Erschreckende Finsternis! Keiner seiner Pioniere lieferte ihm ein befriedigendes Lebenskonzept. Im Menschen konnte er offenbar die Erlösung nicht finden. So scheiterte er bitter und nahm sich im Februar 1942 im brasilianischen Exil das Leben. Er hatte bereits die Grabreden seiner Freunde Rilke, Hofmannsthal und Freud gehalten. Auch diese Gräber waren keine »Sternstunden«. Im Gegenteil, sie waren für ihn wie »schwarze Löcher«. In seinem Abschiedsbrief an seine Freunde schreibt er: »Ehe ich aus freiem Willen und mit klaren Sinnen aus dem Leben scheide, drängt es mich, eine letzte Pflicht zu erfüllen: [...] Ich grüße alle meine Freunde! Mögen sie die Morgenröte noch sehen nach der langen Nacht! Ich, allzu Ungeduldiger, gehe ihnen voraus.«[1]

Seine Sterne glichen verstaubten Papiersternen an der Decke eines Kinderzimmers. Die wirklichen Sterne konnte er nur erahnen. Offenbar hat er seine Augen nie für ihre Pracht geöffnet. Wie tragisch!

Nach *Sternstunden der Menschheit* entdeckte ich vor etwa 40 Jahren ein Buch, das bis heute eine weitaus größere Anziehung auf mich ausübt. Es gehört zu einer Gattung von Büchern, von der nur ein Exemplar existiert, wenn man denn Bücher in »lebendige« und »tote« Bücher unterteilt. Es ist die Bibel, das Wort Gottes, die Heilige Schrift. Beim Lesen entdecke ich immer wieder Verse und Situationen, die mir wie »Sternstunden« vorkommen und die ich gern mit dir teilen möchte. Auch wenn die ganze Bibel an sich eine einzigartige »Sternstunde« ist, können diese kleinen Lichter vielleicht deine Freude an dem lebendigen Buch vergrößern und dich veranlassen, selbst auf Sternenjagd zu gehen.

Lychen, im Dezember 2021

Sternstunde 1

Eine Frage der Liebe

»So achtet sehr auf eure Seelen,
dass ihr den HERRN, euren Gott, liebt!«

— Josua 23,11 —

Es ist kein Zufall, dass ausgerechnet Josuas letzte Rede den Beginn dieses Buches markiert. Ich liebe Abschiedsreden. Nicht selten beinhalten sie Bedeutsames, Wegweisendes, Entscheidendes und Einprägsames. Als ich mein Elternhaus als Siebzehnjähriger verließ, bekam ich eine Abschiedsrede mit drei Sternen: Sie war kurz, einprägsam und ehrlich. Meine Mutter sagte: »Klaus, denke bei allem, was du tun wirst, daran: ›Was würde der Herr Jesus dazu sagen?‹« Das erschien mir ein wenig kindlich, intellektuell wenig herausfordernd. Wie so oft merkt man erst mit zunehmendem Alter, dass die Eltern gar nicht *so* verkehrt lagen. Es war in der Tat das Beste, was sie mir mit auf den Weg hätte geben können. Ich habe diesen Satz bis heute nicht vergessen – wenn auch leider nicht immer befolgt.

Eine der eindrücklichsten Abschiedsreden habe ich in Josua 23 gefunden. Josua, ein Held des Alten Testaments, scheint bis heute im Schatten seines Vorgängers Mose zu stehen. Während Moses Dienst durch zahlreiche spektakuläre Ereignisse gekennzeichnet ist, wird Josuas Lebenslauf durch Beständigkeit, Verlässlichkeit und Treue geprägt. Leider findet das selten die große Anerkennung.

Josua war bereits in 2. Mose 17 ein treuer Heerführer. Als die Kundschafter ausgesandt werden, steht er mit seinem Freund Kaleb auf Gottes Seite. In duldender Treue zieht er einen Großteil seines Lebens völlig unverschuldet durch die Wüste, um dann von Gott zum neuen Führer des Volkes berufen zu werden. Er ist es schließlich, der dem Volk Israel am Ende seines Lebens das Land austeilt. Besonders bewegt mich der Augenblick, als er dabei in Kapitel 14 seinem alten Freund Kaleb gegenübersteht und ihm die Urkunde für sein Erbteil überreicht. Die anschließende Umarmung dürfte sehr herzlich ausgefallen sein.

Schließlich setzt Josua zu seiner Abschiedsrede an. Er hält sie nicht bei Renteneintritt, sondern am Ende seines Lebens. Josua ist ein wahrer Hirte seines Volkes. Da er den Ruf in den Dienst Gottes nicht einfach als Job betrachtet, erlöschen seine Hirtengefühle nicht mit 65. Nein, hier – am Ende seines Lebens – trägt er dieses Volk noch immer auf seinem Herzen – ein Volk, das ihm bisher wesentlich mehr Kummer als Freude bereitet hat.

Die Rede gliedert sich in zwei Teile: Richtet er sich in Kapitel 23 zunächst an die Verantwortlichen des Volkes, gehört die Botschaft des 24. Kapitels dem ganzen Volk. Was hat dieser kampferprobte, treue Mann nun zu sagen? Gleich zu Beginn verweist er auf Gott. Nicht Josua ist wichtig. Es geht ihm nicht darum, die Weltbühne mit einem rhetorischen Paukenschlag zu verlassen. So, wie er sich in seinem ganzen Leben zurückgenommen hat, lässt er auch hier Gott den Vortritt. *»Ihr habt alles gesehen, was der HERR, euer Gott, allen diesen Nationen euretwegen getan hat. Denn der HERR, euer Gott, er ist es, der für euch gekämpft hat«* (Kap. 23,3). Würden wir uns doch mehr die Ehre unseres Gottes auf die Fahnen schreiben!

Als Zweites spricht er über Gehorsam. »So haltet denn sehr fest daran, alles zu beachten und zu tun, was im Buch des Gesetzes Moses geschrieben ist, damit ihr weder zur Rechten noch zur Linken davon abweicht« (V. 6). Heute umgehen wir dieses Wort wie eine gefährliche Tretmine. Das ist unnötig und dumm zugleich, denn Gehorsam ist im Wort Gottes immer mit Segen verbunden. Das Freiheitsgeschwafel der Welt und die modernen Lehrer der Christenheit meinen, es jedoch besser zu wissen. Josuas von Herzen kommender Rat ist: »Haltet sehr fest daran!« Gottes Wort ist nicht verhandelbar und die Annahme desselben keine Frage von Lust und Laune. Würden wir mehr begreifen, dass Gottes Gebote gut und zu unserem Wohl aufgeschrieben sind, dann würden wir unsere innere Abwehrhaltung ablegen.

»Rechts und links« lauern Gefahren. Josua hatte sicher gut zugehört, als Mose in 5.Mose 4,2 beide Gefahren definiert hatte. »Rechts« bedeutet, etwas zu dem Wort Gottes hinzuzufügen, und »links« bedeutet, etwas vom Wort Gottes wegzunehmen. Beide Stellen erwähnen das Hinzufügen als erste Gefahr. Das überrascht zunächst, da zumindest mir die großen theologischen Übeltäter, die etwas aus der Bibel streichen wollen, zuerst in den Sinn kommen. Aber Vorsicht! Schon die Pharisäer zeichneten sich dadurch aus, dass sie etwas zur Schrift *hinzufügten*. Oft ist dann die Reaktion auf ein *Hinzufügen* ein *Wegnehmen* von der Schrift. Vor beidem warnt Josua eindringlich. Diese Ermahnung gilt damals wie heute: das Bewahren einer Ausgewogenheit und Balance in der Schriftauslegung. Viele kraft- und zeitraubende theologische Streitigkeiten bleiben uns erspart, wenn wir dieser Ermahnung folgen.

In Vers 8 gebraucht Josua ein Wort, bei dem mir das Herz aufgeht: »anhangen«. Man könnte es auch mit »kleben« oder »untrennbar verhaftet sein« übersetzen. Eines von Käthe Luthers letzten Worten war, dass sie an Christus kleben wolle wie die »Klette am Kleid«. Wir erleben heute immer weniger Verbindlichkeit. Kaum einer möchte sich festlegen, wir lassen uns gern eine Hintertür offen. So wie bei der Ehe ist das aber auch in unserer Beziehung zum Herrn unmöglich. Wenn ich dem Herrn anhange, dann soll das keine Sonntagsbeschäftigung, sondern ein Alltagszustand sein.

In Vers 11 erreicht Josua die Ziellinie – ein Kleinod in der Bibel: *»So achtet sehr auf eure Seelen, dass ihr den HERRN, euren Gott, liebt!«* Kurz, einprägsam und ehrlich. Und noch etwas – eine wahre Sternstunde. Josua sieht dunkle Wolken aufziehen. Sehr eindringlich ermahnt er die Angehörigen des Volkes, auf keinen Fall von ihrem Gott abzuweichen. Inmitten dieser Rede wirkt der Vers 11 wie ein Mount Everest – wie ein Rat, der alles überragt.

Liebes Volk, deine Nachfolge ist letzten Endes noch nicht einmal eine Frage des Gehorsams – es ist eine Frage der Liebe. Daran hängt alles. Hast du schon vor dem Kreuz gestanden und begriffen, dass da einer hängt, der dich liebt? Hat das eine Reaktion in dir hervorgerufen? Hat es dich irgendwie gepackt? Dann sind Gottes Gebote für dich keine Last, sondern ein Glücksfall. Es ist die Liebe, die unsere Beziehung zu Gott und untereinander prägen soll.

»Daran werden alle erkennen, dass ihr meine Jünger seid, wenn ihr Liebe untereinander habt« (Joh 13,35).

Vers 11 zeigt auch klar, dass es eine persönliche Entscheidung ist. Hör auf, deine Eltern oder deine schlechten Freunde für dein verkorkstes Leben verantwortlich zu machen. Auch die in deinen Augen angestaubte Gemeinde ist nicht schuld daran. Du bist am Zug – habe acht auf deine Seele. Da ist jemand, der dich mit Seilen der Liebe zieht (Hos 11,4) – und du allein stehst am anderen Ende des Seils.

»So achtet sehr auf eure Seelen, dass ihr den HERRN, euren Gott, liebt!« – der beste und wichtigste Rat, den ich je bekommen habe! Deutet sich hier schon an, was Paulus später an die Korinther schrieb: »Die größte aber von diesen [d. h. von Glaube, Hoffnung, Liebe] ist die Liebe« (1Kor 13,13)?

Sternstunde 2

Schamma und die Linsen

»Und nach ihm [d. h. nach Eleasar] kam Schamma, der Sohn Ages, des Harariters. Und die Philister versammelten sich zu einer Schar; und es war dort ein Feldstück voll Linsen; das Volk aber floh vor den Philistern. Da stellte er sich mitten auf das Feldstück und rettete es und schlug die Philister; und der HERR schaffte eine große Rettung.«

— 2. Samuel 23,11-12 —

In den Geschichtsbüchern findet man Napoleon Bonaparte, Bismarck und viele andere Größen. Aber selten die ganz Kleinen, die unter dem Radar laufen, die man nicht erwähnenswert findet, deren Verhalten vielleicht ein wenig unsinnig oder peinlich erscheint.

In der Bibel dagegen ist auch Platz für Kleine. Da war diese unbekannte Frau, die plötzlich auf der biblischen Bühne auftritt und den Herrn Jesus mit einem kostbaren Parfüm salbt. Er setzt ihr dafür ein Denkmal. Ich liebe diese Geschichten der kleinen Leute. Sie öffnen meinen Blick für die, die nicht im Rampenlicht stehen und deren Leistung nicht auf großen Banketten gerühmt wird.

Vor einigen Tagen wurde ich an einen Mann erinnert, der mit 50 Jahren vor der Entscheidung stand, seinen behinderten Bruder in sein Haus aufzunehmen oder ihn fremdbetreuen zu lassen. Er hat nicht eine Sekunde überlegt, es war völlig selbstverständlich. 24 Jahre haben sich seine Frau und er um ihn gekümmert, ihn gefüttert, rasiert und gepflegt. Er war sehr barmherzig. Kleine Helden – bei Menschen vergessen, aber bei Gott wohlbekannt.

Zu diesen Kleinen gehört für mich auch Schamma. Wenn die Predigt in der Gemeinde einmal etwas langweilig war, faszinierte mich diese Heldenliste in 2. Samuel 23: Diese Löwenkämpfer und Wasserholer, lauter Haudegen, die gescheitert und verschuldet zu David kamen und an seiner Seite zu Helden wurden. ›Aber Schamma – wie ist der eigentlich auf die Liste gekommen?‹, dachte ich immer als Kind. ›Wo ist sein Speer? Sein Stab? Sein Schwert mit dem Kleber?[2] Oder wenigstens sein Wasserkrug?‹

Schamma konnte nichts vorweisen, oder? Nein, das stimmt nicht ganz. Er hatte einen Acker. Das hebräische Wort bedeutet neben Acker auch »durch Los dem Einzelnen zugewiesener Teil eines Feldes«. Aha, es war also sein Erbteil! Es war ein Stück Identität, seine Verbundenheit mit dem Land, das einst seine Väter aus der Hand Josuas empfangen hatten und das sie nie aufgeben sollten. Plötzlich war es in Gefahr. Die Philister, diese uralten Feinde des Volkes Gottes, kamen. Schamma hatte zwar zahlreiche Nachbarn in seiner geistlichen Kleingartensparte, aber als er sich umschaute, waren sie plötzlich alle auf und davon – was sollte er machen? Der erste Reflex – hinterher! Allein zurückbleiben? Da muss man entweder sehr verrückt sein oder seinen Acker lieben.

Er liebt seinen Acker. Da steht er also, der Schamma. Mir scheint, er steht bis heute da auf seinem Linsenfeld und hält die Stellung. Als die Philister kommen, schlägt er sie, und der HERR schafft eine große Rettung.

Schamma, was ist deine Botschaft für mich?

Was ist mir mein Erbteil wert? Bin ich immer noch von der Irrtumslosigkeit der Bibel überzeugt, auch wenn mir die Philister eine Schere in die Hand drücken und mich auffordern, die ersten Verse herauszuschneiden? Bin ich in dieser zentralen Frage auf meinem Erbteil stehen geblieben und habe die Schere weggeworfen?

Es gab Zeiten, da haben mich Verse wie Matthäus 6,33 fasziniert: Gott zuerst, meine ganze Kraft für ihn. Aber dann kamen Zweifel, und die eigene Kraftlosigkeit lähmte. Das kann man nicht wirklich leben, oder? Halte ich die Stellung?

Mein Erbteil ist unter anderem auch meine himmlische Berufung. Mein »Bürgertum« ist doch im Himmel. Aber dann kommen die vielen Fesseln, die mich an die Welt ketten. Bin ich stehen geblieben?

Mein Erbteil sind meine geistlichen Überzeugungen. Die Philister wohnten auch im Land, aber sie waren nie durch den Jordan gezogen. Sie waren nicht echt, versuchten aber ständig, die wirklichen Erben aus ihrem Erbteil zu vertreiben. Genau so, wie heute eine christuslose Kirche eine Attacke nach der anderen gegen ihren eigenen Gott reitet. Färbt das ab? Machen wir uns vom Acker und denken wir, es wird sich schon irgendwo wieder eine nette Parzelle finden? Oder bleiben wir stehen?

Ist das Leben für mich wirklich Christus? Was ist er mir wert? Kämpfe ich energisch für mein Linsenfeld, oder verschleudere ich Gottes Segen für ein Linsengericht wie Esau? Lieber jetzt und hier und alles? *»Siehe, ich gehe hin zu sterben, und wozu nützt mir da das Erstgeburtsrecht?«* (1Mo 25,32). Das war der Erstgeburtsverächter, der später *»mit einem großen und bitterlichen Geschrei über die Maßen«* (1Mo 27,34) bat, doch noch gesegnet zu werden. Er hatte sein Erbteil aufgegeben, und das blieb nicht ohne Folgen.

Wenn dir der Geschmack an deinem geistlichen Erbe verloren gegangen ist, dann sag es deinem Herrn. Fang an, dich wieder über dein geistliches Erbe zu freuen, zum Beispiel an der Sohnschaft oder dem allgemeinen Priestertum der Gläubigen, und bleib das nächste Mal einfach stehen, wenn die Philister kommen. Lass dir nicht deinen geistlichen Reichtum nehmen. Gott wird dir letztlich den Sieg schenken!

Danke, Schamma!

»Wenn der HERR
Gefallen an uns hat,
so wird er uns
in dieses Land bringen
und es uns geben.«

— 4. Mose 14,8 —

Sternstunde

3

Die unersetzliche Tabitha

»In Joppe aber war eine gewisse Jüngerin, mit Namen Tabitha, was übersetzt heißt: Dorkas; diese war reich an guten Werken und Almosen, die sie übte. Es geschah aber in jenen Tagen, dass sie krank wurde und starb. Als sie sie aber gewaschen hatten, legten sie sie in ein Obergemach. Da aber Lydda nahe bei Joppe war, sandten die Jünger, als sie gehört hatten, dass Petrus dort sei, zwei Männer zu ihm und baten: Zögere nicht, zu uns herüberzukommen. Petrus aber stand auf und ging mit ihnen; und als er angekommen war, führten sie ihn in das Obergemach. Und alle Witwen traten weinend zu ihm und zeigten ihm die Unterkleider und Gewänder, die Dorkas gemacht hatte, während sie noch bei ihnen war. Petrus aber schickte alle hinaus, kniete nieder und betete. Und er wandte sich zu dem Leichnam und sprach: Tabitha, steh auf! Sie aber schlug ihre Augen auf, und als sie Petrus sah, setzte sie sich auf. Er aber gab ihr die Hand und richtete sie auf; er rief aber die Heiligen und die Witwen und stellte sie lebend dar. Es wurde aber durch ganz Joppe hin bekannt, und viele glaubten an den Herrn.«

— Apostelgeschichte 9,36-42 —

Die Apostelgeschichte gehört zu den spannendsten Bibelbüchern. Wenige Männer erobern die Welt mit der wichtigsten Botschaft aller Zeiten. Wir werden beim Lesen Zeugen einer mächtigen Offenbarung der Kraft Gottes, deren Kanal kleine, zerbrechliche Gefäße waren. Atemberaubende Wunder, wie z. B. die Befreiung des Petrus aus dem Gefängnis oder der Bericht darüber, dass die Menge der Gläubigen ein Herz und eine Seele war, sind bis heute unvergessen.

Beim Lesen dieser spannenden Berichte gelangt man irgendwann zu Kapitel 9. Auch hier wird von einem Wunder berichtet, dem es an Spannung nicht fehlt, das aber dennoch in der Wahrnehmung etwas unterbelichtet erscheint. Dabei hat es das Potenzial zu einer Sternstunde.

Wir befinden uns in Joppe. Diese Stadt ist eine geistliche Lehrwerkstatt. Die Lehrlinge Jona und Petrus lernten hier, dass sie eingefahrene Wege verlassen müssen.[3] Jona erfuhr: Ja, Gott ist Ninive gnädig. Petrus lernte: Doch, Gott würde sich den Heiden zuwenden. Das fiel unseren beiden Helden sehr schwer; es war ihnen fast unmöglich zu glauben, dass Gott seine Hände denen entgegenstreckt, die »draußen« sind. Vielleicht werden du und ich an diesem Ort auch etwas Wichtiges lernen.

Jedenfalls wohnt gerade hier in Joppe eine Frau mit Namen Tabitha oder Dorkas, was übersetzt »Gazelle« bedeutet. Sie ist *»reich an guten Werken«* (V. 36). Nach dem Brief an Titus ist das ein Charakterzug, der uns alle kennzeichnen soll. Sie redet nicht über sich selbst und ihre Wehwehchen, sondern packt an, sie teilt aus (nicht Schläge, sondern Geld) und macht sich auch dann nicht aus dem Staub, wenn es um äußerst unattraktive Jobs wie die Gemeinderaumreinigung oder das Kartoffelschälen geht. Eine Gazelle, die ihre Schnelligkeit nicht für die Arbeitsflucht, sondern für eine unkomplizierte Hilfeleistung gebraucht. Eine aussterbende Spezies?

Ihre besondere Vorliebe allerdings, das ist die Schneiderei. Sie näht Leibröcke und Mäntel und gibt diese gern weiter. Sie hat einen Blick für die, die frieren, denen kalt ist, denen die Wärme fehlt. Für die lässt sie nachts das Licht brennen und sorgt so für Wärme.

Plötzlich wird Tabitha krank und stirbt. Was für eine Katastrophe! Sofort wird der Verlust deutlich. Man legt sie in das Obergemach und schickt zwei Männer zu Petrus. Als dieser kommt, findet er neben trauernden Witwen eine Menge von Mänteln, die Dorkas gemacht hatte. Sie waren untrennbar mit dem Dienst der Gestorbenen verbunden. Dorkas und ihre Kleider – das gehörte zusammen.

Petrus kniet nieder und betet. Er wendet sich dem Leichnam zu – so steht es in der Bibel – und sagt: »*Tabitha, steh auf!*« (V. 40). Das Unfassbare geschieht – sie wird wieder lebendig. Die »*Heiligen und die Witwen*« (V. 41) erhalten ihre kleine Heldin zurück.

Warum berichtet der Heilige Geist von diesem Wunder in der Apostelgeschichte? Warum wurde Tabitha auferweckt – und nicht Stephanus oder andere »tragende Brüder im Werk des Herrn«?

War vielleicht gerade sie wichtig und unersetzlich? Gibt es heute nicht viel zu wenige von diesen Mäntelschneiderinnen, diesen Wärmespendern? Am 17.1.2018 meldete die Presse, dass Großbritannien ein Ministerium für Einsamkeit einrichten wird. Ursache sei eine »traurige Realität des modernen Lebens, die Millionen Menschen betreffe«[4]. An Vernetzungsmöglichkeiten fehlt es nicht, im Gegenteil – dennoch wird Einsamkeit plötzlich zum globalen Problem. Fehlen unserer Gesellschaft die Mäntelschneider-Menschen, die nicht egoistisch denken, sondern Wärme für den anderen übrig haben? Etwa 200 000 Senioren hätten einer britischen Studie zufolge höchstens einmal monatlich ein Gespräch mit einem Freund oder einem Verwandten – pro Monat wohlgemerkt.

Ist es in der Christenheit besser? Mäntel im Überschuss? Fehlanzeige! Auch hier halten Unpersönlichkeit und Kälte Einzug. Können wir das Interesse füreinander wiederaufleben lassen? Schätzen wir unsere Tabithas? Gerade Schwestern haben oft einen Blick für verborgene Nöte und unterkühlte Herzen. Sie haben die Fähigkeit, durch eine kleine Aufmerksamkeit das Eis zu brechen und eine Eiszeit in einen blühenden Garten zu verwandeln. Gibt es sie noch, oder sind sie bereits an Entmutigung »gestorben«? Können wir sie durch Gebet wieder »auferwecken«?

Eine christliche Gemeinde soll kein Kühlschrank, sondern eine Herberge sein. Ein schönes Bild dafür ist der Überfallene, der von einem Barmherzigen Hilfe erfährt (Lk 10,33-35). Manchmal mögen Eisbeutel helfen – aber hier brauchte jemand dringend Wärme. Deshalb wird er auch in eine Herberge gebracht und dort bestens versorgt, Vollpension inklusive.

In 2. Mose 22,25-26 lässt Gott eine spezielle, aber auch etwas unerwartete Anordnung ergehen. Es geht um eine, wie wir meinen könnten, absolute Bagatelle. Jemand muss am Anfang des Tages seinen Mantel verpfänden, natürlich mit der Absicht, dieses Pfand vor der Abenddämmerung wieder einzulösen. Aber irgendetwas kommt dazwischen, er schafft es nicht. Die Gründe, dass es ihm nicht gelingt, werden hier nicht genannt. In jedem Fall legt Gott fest, dass der Mantel vor Einbruch der Nacht zurückgegeben werden muss. Er begründet es so einfach und gleichermaßen einleuchtend: »*Denn es ist seine einzige Decke, sein Kleid für seine Haut; worin soll er liegen? Und es wird geschehen, wenn er zu mir schreit, so werde ich ihn erhören, denn ich bin gnädig.*« Was für eine einfühlsame, liebevolle, aber auch überraschende Begründung! (Übrigens: Mitten im Gesetz erklärt Gott, dass er gnädig ist!) Gott registriert, dass da jemand ist, der in der Nacht frieren könnte. Stell dir das einmal vor! Wie wunderbar – er wird sich darum kümmern – wirklich? Nein, eben nicht! Sondern er verlangt von uns, dass wir unserem Nächsten endlich seinen Mantel zurückgeben, dass wir unsere Unversöhnlichkeit begraben, dass wir Stolz und Bequemlichkeit ablegen und den Eisbeutel gegen einen Mantel tauschen. Bei Gott soll niemand frieren!

Als Paulus alt geworden ist, bittet er Timotheus, ihm die Pergamente und den Mantel mitzubringen. Hat dich diese Bitte auch schon einmal überrascht oder nachdenklich gemacht?

Wir haben geistliche Bedürfnisse, deshalb die Pergamente, ein Hinweis auf das geschriebene Wort Gottes. Aber wir haben auch seelische Bedürfnisse (und körperliche). (Wie viele Christen auf der Welt frieren tatsächlich?) Deshalb brauchte Paulus einen Mantel. Er fror. In der Provinz Asia hatten sich alle von ihm abgewandt – er musste Enttäuschungen verkraften, und vielleicht nagte der eine oder andere Alterszweifel an ihm? Auch an den Fleischesdorn konnte er sich überhaupt nicht gewöhnen.

Lasst uns die Alten nicht vergessen, die uns gedient und belehrt haben, von denen wir so viel profitiert haben. Bringen wir ihnen einfach einmal einen Mantel vorbei und opfern wir etwas Zeit für sie! Werden wir eines Tages in unseren Gemeinden neben Evangelisten und Lehrern auch Einsamkeitsspezialisten ernennen müssen? Lasst uns Gott bitten, dass er uns die Augen für diesen herrlichen, unverzichtbaren Tabitha-Dienst wieder öffnet!

»Wahrlich, ich sage euch: Was ihr einem dieser meiner geringsten Brüder getan habt, das habt ihr mir getan!«

— Matthäus 25,40 (RELB) —

Sternstunde 4

Nichts spricht gegen einen Schöpfer

»Ich habe die Erde gemacht
und den Menschen auf ihr geschaffen;
meine Hände haben die Himmel ausgespannt,
und all ihr Heer habe ich bestellt.«

— **Jesaja 45,12** —

Dieser Satz hat in seiner Schlichtheit eine Aussage von unerhörter Wucht! Er provoziert und fordert heraus. Entweder befördert man seine Botschaft ins Land der Märchenwelt, oder man wird gezwungen, still zu stehen, die Wunder Gottes zu betrachten und den Schöpfer anzubeten.

Wenn wir zu unserem christlichen Glauben gefragt werden und den Vorwurf des Nebulösen hören, haben wir drei waschechte Einwände, die wir freudig in die Runde werfen dürfen. Diese sind die Schöpfung, die Bibel und die Tatsache des Lebens Jesu auf dieser Erde. Auf den ersten Punkt möchte ich in dieser »Sternstunde« kurz eingehen.

Der zitierte Vers aus Jesaja 45 geht auf die Anfänge unserer Zeit zurück und teilt uns unmissverständlich mit, wer wir sind und woher wir kommen. Wir sind keine sinnlose Ansammlung von Molekülen, sondern ein Gebilde und Bauwerk Gottes, hervorgegangen aus seiner geschickten und weisen Hand (Ps 78,72). Wir sind nach seinem Plan und mit Sinn und Ziel geschaffen worden. Gott hat *»die Erde gemacht und den Menschen auf ihr geschaffen«*.

»Meine Hände haben die Himmel ausgespannt.« Wenn ich den zweiten Satzteil lese, kommt mir unwillkürlich ein Erlebnis aus meiner Kindheit in den Sinn. Aufgewachsen im Osten Deutschlands, war ich bezüglich technischer Errungenschaften und Neuerungen mehr oder weniger auf meine West-Oma angewiesen, die uns einmal jährlich besuchte. Bei einem dieser lang ersehnten Besuche packte sie eines Tages ein Paket aus und übergab es meiner Mutter. Es handelte sich um einen Regenschirm der Marke *Knirps*, der die technische Raffinesse in sich barg, sich auf Knopfdruck zu öffnen. Phänomenal! Als Kind war ich fasziniert. Immer wieder musste der arme Schirm daran glauben und sich über mir auf Knopfdruck öffnen – ob es nun regnete oder nicht.

Wenn ich nun an einem klaren Tag abends unter »meinem« Sternenhimmel stehe, überwältigt mich seine gigantische Größe, seine Ehrfurcht gebietende Fülle, die mir eine Ahnung von der menschlichen Kleinheit, aber auch der göttlichen Größe und Unendlichkeit gibt. Wie kann ein Mensch bei diesem Anblick auch nur einen Augenblick glauben, das alles wäre in einem mühsamen, zufälligen evolutionären Prozess über Jahrmillionen entstanden und würde sich darüber hinaus noch ohne schwerere Zusammenstöße unfallfrei im Weltall bewegen? Wie groß muss der »Glaube« sein, der sich mit so einer armseligen Erklärung zufriedengibt?

Für Gott war es nur ein kurzes Drücken seines Knopfes am Schöpfungs-Schirm. Oder biblisch korrekt ausgedrückt: *»Er sprach, und es war; er gebot, und es stand da«* (Ps 33,9). Er hat in einem Augenblick etwas geschaffen, was bis heute ohne Worte predigt: *»Die Himmel erzählen die Herrlichkeit Gottes, und die Ausdehnung verkündet seiner Hände Werk«* (Ps 19,2; siehe auch Röm 1,20). Bis heute fordert der Kosmos mit seiner Unendlichkeit und Unfassbarkeit den endlichen und begrenzten Menschen heraus. Der Schöpfer hat gesprochen, seine Hände haben ausgespannt. Jeden Abend und jede Nacht kann man diese Predigt lesen – wolkenloser Himmel vorausgesetzt. Und nun, kleiner Mensch, was sagst du dazu? Verehrst du mich? Betest du mich an?

Die Proklamation Gottes »Ich habe die Erde gemacht« steht im Raum und wartet bis heute auf eine Reaktion seiner Geschöpfe. Die Luft für Alternativvorschläge wie die Evolutionstheorie wird immer dünner. Und das nicht erst, seitdem der bekannte amerikanische Philosoph Thomas Nagel in seinem bemerkenswerten Buch *Geist und Kosmos* zu der Überzeugung gelangt ist, dass das bisher vorherrschende materialistisch-neodarwinistische Weltbild unhaltbar geworden ist. Schon längst haben wir es weniger mit einer wissenschaftlichen als vielmehr mit einer religiösen bzw. weltanschaulichen Frage zu tun. Währenddessen schweigt

Gott nicht – sein Wort und die Sterne reden eine deutliche Sprache.

Wenn Gott sich mitteilt, dann tut er es verständlich und für jedermann fassbar. Er redet hier von seinen Händen. Jeder Mensch kennt Hände. Sie sind etwas ganz Alltägliches. Wir bewundern sie, wenn sie Klavier spielen oder ein Bild malen, ein Essen zubereiten oder ein Kind trösten. Hände sind wunderbare und kunstvolle Körperteile. Nun redet Gott von seinen Händen. Sie haben die Himmel ausgespannt. Gewaltig, oder? Was müssen das für Hände sein, die so etwas bewirken können! Nur einen Vers zuvor sagt der Prophet Jesaja: *»Meine Kinder und das Werk meiner Hände lasst mir anbefohlen sein!«* (Kap. 45,11). Jawohl, seine mächtig wirkenden Schöpferhände und die fürsorglich behütenden Hände sind bei Gott kein Gegensatz. Und noch etwas: Wir Menschen haben in diesen wunderbaren Händen unsere Spuren hinterlassen. *»Siehe, in meine beiden Handflächen habe ich dich eingezeichnet«* (Jes 49,16). Gottes Hände sind keine gefühllosen Pranken, sondern geschickt und gefühlvoll. Es sind sogar verletzliche Hände – verletzt und durchbohrt für dich und mich.

Mögen wir diesem wunderbaren Gott unsere Anbetung und Huldigung nicht verweigern. Wir sind seine Geschöpfe, deren erste Aufgabe darin besteht, ihren Gott zu verherrlichen und ihm zu danken – so fasst es jedenfalls Römer 1,21 zusammen. Lass keinen Tag zu Ende gehen, an dem du das nicht mit frohem Herzen getan hast!

»Siehe, du hast die Himmel und die Erde gemacht durch deine große Kraft und durch deinen ausgestreckten Arm: Kein Ding ist dir unmöglich« (Jer 32,17).

Sternstunde

5

Aufrecht stehend

»Und die Bretter für die Wohnung sollst du
aus Akazienholz machen, aufrecht stehend:
zehn Ellen die Länge eines Brettes,
und eineinhalb Ellen die Breite eines Brettes.«

— 2. Mose 26,15 —

Was könnte uns Menschen besser beschreiben als dieses Wort *(aufrecht stehend)*? Das unterscheidet uns wesentlich vom Tier, das macht unsere Position unserem Schöpfer gegenüber aus, und das markiert unsere Haltung unserem Nächsten gegenüber. Aber was ist geschehen? Stehen wir 2021 noch aufrecht, oder sind wir längst auf krummen Touren unterwegs? Sind wir eigentlich noch richtige Menschen? Bedeutet *anthropos* nicht der aufrecht Gehende, *der nach oben Blickende*?

Zwar kannte ich die Beschreibung der Stiftshütte und hatte selbst bei einer Jugendfreizeit an einem Modell des ersten Gotteshauses mitgearbeitet, aber als ich den Text vor einigen Wochen wieder las, begann dieser Ausdruck, mich regelrecht anzuspringen – aufrecht stehend. Er steht einfach so da, von Gott diskret betont und hervorgehoben, und hat eine hochaktuelle Botschaft.

Mehreren Stellen des Neuen Testaments kann man entnehmen, dass mitunter Dinge oder Begebenheiten des Alten Testaments eine sinnbildliche Bedeutung haben. So ist es auch mit der Stiftshütte. Reden mehrere Einrichtungsgegenstände von Christus (wie z. B. die Bundeslade oder der Leuchter), reden diese Bretter von einzelnen Gläubigen, die zusammen das Haus Gottes bilden und durch besondere Mechanismen miteinander verbunden sind. Diese Gläubigen werden in der Beschreibung mit nur einem Kennzeichen beschrieben: aufrecht stehend! Das ist Gott wichtig. Das hebt er hervor. Und genau das ist uns verloren gegangen.

Als Gott den Menschen schuf, stellte er klar, dass er kein veredeltes Tier ist, sondern eine besondere, einmalige Spezies. Er wurde im Bild Gottes geschaffen. Gott legte ihm die Ewigkeit ins Herz und machte ihn fähig, mit ihm selbst zu kommunizieren. Äußerlich war die aufrechte Körperhaltung ein deutliches Erkennungsmerkmal. Jahrhunderte später erkennt der weiseste Mensch des Alten Testaments, Salomo, an: *»Allein, siehe, dies habe ich gefunden, dass Gott den Menschen aufrichtig geschaffen hat; sie aber haben viele Ränke gesucht«* (Pred 7,29). Für *»aufrichtig«* haben hier einige Übersetzungen die Fußnote *»aufrecht, gerade«*. Sein Blick sollte nach oben zu seinem göttlichen Gegenüber gehen. Für den Schreiber des 123. Psalms eine Selbstverständlichkeit: *»Ich* *erhebe meine Augen zu dir, der du in den Himmeln thronst!«* (V. 1).

Der Unterschied zwischen Tier und Mensch wird besonders am Beispiel des gewaltigen Herrschers von Babel, Nebukadnezar, deutlich. Seine Geschichte wird in den ersten Kapiteln des Buches Daniel beschrieben. Gott hatte ihm für den Fall fortdauernden Hochmuts eine im wahrsten Wortsinn »tief-sinnige« Bestrafung angekündigt. Er würde ihn von den Menschen ausstoßen und bei den Tieren des Feldes wohnen lassen (Dan 4). Genau das geschieht später – aber dieser Herrscher demütigt sich vor Gott. In diesem Prozess der Umkehr berichtet die Bibel einen bemerkenswerten Satz: »*Und am Ende der Tage erhob ich, Nebukadnezar, meine Augen zum Himmel, und mein Verstand kam mir wieder*« (Dan 4,31). Interessant, oder? Der Übergang vom Tier- zum Menschsein wird dadurch markiert, dass dieser Mann seine Augen wieder nach oben richtet. Er wird gerade. Das macht ihn wahrhaft zum Menschen. Und das ist wiederum untrennbar damit verbunden, dass ihm sein Verstand wiederkommt.

In Lukas 13 wird von der Heilung einer Frau berichtet, die 18 Jahre einen Geist der Schwachheit hatte. Die äußeren Auswirkungen waren, dass sie vollständig gekrümmt war. Lukas berichtet: »*Als aber Jesus sie sah, rief er sie zu sich und sprach zu ihr: Frau, du bist befreit von deiner Schwäche! Und er legte ihr die Hände auf, und sogleich richtete sie sich auf und verherrlichte Gott*« (Lk 13,12-13).

Wieder verbindet die Bibel das Aufrichten des Körpers mit der Wiederherstellung der Gottesbeziehung des Menschen – *»sie … verherrlichte Gott«*, eine der Hauptaufgaben des Menschen.

Seit dem Sündenfall ist das die große Provokation des Menschen – er verweigert Gott die Ehre, verweigert den Dank, verweigert die Anbetung. Paulus formuliert in Römer 1 genau diesen Anklagepunkt: *»… weil sie, Gott kennend, ihn weder als Gott verherrlichten noch ihm Dank darbrachten«* (Röm 1,21). Darin ist er gekrümmt – unfähig, Gott zu verherrlichen, wie diese Frau aus Lukas 13.

Und wir Christen? Haben wir nicht auch in diesem Punkt eine gewaltige Schieflage? Sind unsere Gemeinden noch Orte, wo Gott verherrlicht wird, oder sind es wir selbst, die unterhalten und bespaßt werden wollen? Gehört Gott wirklich die Ehre? Ist er die Mitte, um die sich alles dreht? Sind wir nicht ein egoistischer Rummelplatz geworden, der unsere Ideen ins Scheinwerferlicht stellt? Sind wir gerade oder bis zur Unkenntlichkeit verkrümmt?

In seinem Vermächtnisbrief schreibt Paulus seinem geliebten Kind u. a. Folgendes: *»Du aber bleibe in dem, was du gelernt hast und wovon du völlig überzeugt bist«* (2Tim 3,14). Oder frei übersetzt: »Timotheus, bleib gerade!« Haben wir eigentlich Überzeugungen? Bist du überzeugt, dass die Bibel Wort für Wort inspiriert ist? Dann bleibe dabei. Die Geraden sind heute nicht in der Mehrzahl. Gerade zu sein, ist ein geistlicher Kraftakt. Ich wünsche es dir und mir, dass wir uns von Gott dazu die Kraft geben lassen.

Aufrecht stehend. Dafür brauche ich auch die beiden Bretter neben mir. Der Herr bewahre uns vor Hochmut und Selbstgefälligkeit. Da gibt es zu vieles, was uns krümmt, und wir brauchen ganz nötig den Rat unseres Mit-»Brettes«, das uns die Augen für den Balken in unserem eigenen Auge öffnet.

»Hier stehe ich«, soll Luther in Worms gesagt haben. Auf diesem Reichstag war er in der Tat ein aufrecht stehendes Brett und ein Vorbild für unsere Zeit. So hoffe ich, dass diese Zeilen eine aufrichtende Wirkung haben und dazu dienen, dass wir unseren Gott aufrecht stehend verherrlichen.

Sternstunde 6

Alles hängt am Glauben

»Wenn ihr nicht glaubt,
dann werdet ihr keinen Bestand haben.«

— Jesaja 7,9 —

Francis Schaeffers weitverbreitetes Buch *Wie können wir denn leben?* verdankt seinen Titel einem Zitat aus dem Propheten Hesekiel. Dort heißt es: »*Und du, Menschensohn, sprich zum Haus Israel: So sprecht ihr und sagt: Unsere Übertretungen und unsere Sünden sind auf uns, und in ihnen schwinden wir hin; wie könnten wir denn leben?*« (Kap. 33,10). Diesen Ausdruck des alttestamentlichen Propheten verwendet Schaeffer nun, um eine messerscharfe Analyse des von Gott abgefallenen Menschen vorzunehmen. Es entstand ein bis heute anerkanntes Standardwerk, auch wenn seine Beurteilung in den 1970er-Jahren endet und die weitreichenden Folgen der digitalen Revolution nicht berücksichtigt werden konnten.

In diesem Kapitel möchte ich auf einen Vers aus Jesaja 7 eingehen. Wie ich meine, gibt er eine gute Antwort auf die Frage der Israeliten: »Wie können wir denn leben?«[5] Die Antwort lautet schlicht und ergreifend: *durch Glauben*. Oder, wie es Luther genial übersetzt: »*Glaubt ihr nicht, so bleibt ihr nicht*« (Luther 1984). Gott gibt den Angehörigen seines irdischen Volkes Israel in diesem Kapitel eine Prophezeiung. Diese gipfelt in der nüchternen und grundsätzlichen Aussage, dass allein der Glaube ihrem Leben und ihrer Lebensleistung Beständigkeit verleihen würde.

Die Frage der Beständigkeit – oder, modern ausgedrückt, Nachhaltigkeit – beschäftigt den Menschen, soweit man zurückdenken kann. Wie kann ich so leben, oder was muss ich in meinem Leben tun, damit es mich zumindest ein wenig überdauert? Wie kann ich mich aus diesem elenden Sumpf der Vergänglichkeit – um nicht zu sagen, Sinnlosigkeit – erheben? Wie lange wird mein mühsam erworbener Stern auf dem *Walk of Fame* zu sehen sein? Was hilft mir, nicht in diesem Sumpf des Vergessens und der Bedeutungslosigkeit zu versinken? Eine durchaus aktuelle Frage.

Ich freue mich, dass die Bibel Antworten auf aktuelle Fragen gibt. Die Bibel ist das Lebensbuch schlechthin. Zeigen wir doch den nächsten Generationen, dass die Bibel spannend, aktuell und ungemein relevant für die Fragen unserer Zeit ist!

Das Leben eines Menschen hat nur dann Sinn und Ziel, wenn es in Gott ruht. »Für dich, o Herr, hast du das Menschenherz erschaffen. Und es findet keine Ruhe als in dir« (Augustinus, 354–430).[6] In Gott zu ruhen, bedeutet, an ihn zu glauben und in Abhängigkeit von ihm zu leben. Es bedeutet zuerst, am Kreuz seine Bankrotterklärung abgegeben zu haben. Es bedeutet, das bisherige Leben als zielverfehlt und ungehorsam anzuerkennen und von Gott begnadigt zu werden. Genau so drückt es Paulus in Römer 11,32 aus: *»Denn Gott hat alle zusammen in den Unglauben [oder Ungehorsam] eingeschlossen, um alle zu begnadigen.«*

Mit diesem Schritt beginnt ein völlig neues Leben. Was ich in meinem Glaubensleben tue, wird nun Bestand haben. Es ist eben nicht bedeutungslos oder folgenlos. Die kleinste Hilfeleistung – der berühmte Becher kalten Wassers, den du dem anderen zur Erfrischung gibst – wird anerkannt und aufgezeichnet. Die gewaltige Erziehungsleistung einer Mutter wird bei Gott anerkannt und belohnt (2Mo 2,9). Jede Ermutigungsmail wird auf Gottes Server abgespeichert. Als der Herr Jesus den Jüngern diesen neuen Modus erklärte, waren sie völlig überrascht. *»Wann sahen wir dich hungrig?«* (Mt 25,44). Aber Gott scheint in dieser Hinsicht sehr großzügig zu sein und belohnt gern. Also: *»Glaubt ihr nicht, so bleibt ihr nicht«* (Luther 1984). Dieser Vers ist einer der stärksten Gründe, Christ zu werden. Wir haben die Perspektive, in diesem Leben Dinge zu tun, die weit über die Erdenjahre hinaus Bestand haben und sicher im Himmel aufbewahrt werden. Wie dumm, dann als Christ seine wertvolle Zeit mit Dingen zu verschwenden, die eines Tages vergehen werden (1Kor 3,12ff.). Als Christen haben wir es in der Hand, Ewigkeitsmenschen zu werden.

Die westliche Zivilisation hat sich für einen Weg des Unglaubens entschieden. Bis heute ist nicht klar, ob Gott Eingang in die Verfassung der Europäischen Union finden wird. Gott eignet sich, wenn überhaupt, nur als Spottobjekt. Gott sagt auch den meisten Menschen der westlichen Welt voraus, dass sie keinen Bestand haben werden. Es hängt an ihrem Glauben.

Wie können wir denn leben? – *»Der Gerechte ... wird durch seinen Glauben leben«* (Hab 2,4).

»Hört mich, Juda und ihr Bewohner von Jerusalem! Glaubt an den HERRN, euren Gott, und ihr werdet befestigt werden; glaubt seinen Propheten, und es wird euch gelingen!« (2Chr 20,20).

PS: Zur Lutherübersetzung dieses Verses aus Jesaja 7,9 gibt es noch eine sehr schöne Illustration im Alten Testament. Von Daniel heißt es in Daniel 1: *»Und Daniel blieb bis zum ersten Jahr des Königs Kores«* (V. 21). Daniel strahlt eine gewisse Erhabenheit und Souveränität aus. Seine unerschütterliche Entschlossenheit, seine Gottesfurcht und seine Menschen-Un-Furcht sind beispielhaft. Zu Beginn seines prophetischen Buches berichtet der Geist Gottes, dass Daniel blieb. Er überdauerte Nebukadnezar, Belsazar und Darius. Sogar einen Teil der Amtszeit des Königs Kores erlebte er noch. Alle diese Herrscher kamen und gingen – Daniel blieb. Ja natürlich, auch er starb in hohem Alter. Aber kann man dieses »Bleiben« aus Kapitel 1 nicht auch so verstehen, dass man Daniels Lebensfrüchte wiederfinden wird, dass sie in Gottes ewigem Wort aufgezeichnet sind und somit noch heute von seinem »Bleiben« zeugen?

Sternstunde 7

Zerrissen

1. Szene – Jeremia 36

Das Zwei-Stämme-Reich, auch Juda genannt, bekommt durch Jeremia einen eindringlichen Aufruf zur Umkehr. Gott warnt sein Volk. Er will, dass es umkehrt und Buße tut. Da Jeremia verhindert ist, überbringt sein Sekretär Baruch dem Volk diese Botschaft. Unter denen, die diese Botschaft hören, ist Mikaja aus der religiösen Oberschicht. Die Nachricht wühlt ihn auf, lässt ihn nicht los. Er bittet Baruch, zu einigen Fürsten zu kommen und diese Buchrolle nochmals zu lesen. Kreidebleich und wie vom Donner gerührt, sitzen sie zusammen. Gott hatte seinem Volk Gericht angekündigt, wenn es sich von ihm abwenden würde. Standen die Chaldäer nicht schon vor den Toren Jerusalems? War es vielleicht schon zu spät für eine Umkehr? Hatte Gott nicht schon viel früher gesagt: »*Du aber, bitte nicht für dieses Volk und erhebe weder Flehen noch Gebet für sie, und dringe nicht in mich; denn ich werde nicht auf dich hören*« (Jer 7,16)?

»Woher hast du das Schriftstück, Baruch? Ist es glaubwürdig und zuverlässig?« – Baruch bestätigt, dass Jeremia es aus dem Mund Gottes empfangen hat. Sehr gut, ihr Fürsten. Vielen Dank für dieses exzellente Vorbild. Würden wir doch häufiger fragen, ob das, was wir lesen, autorisiert ist! Wie viele pseudochristliche Endzeithähne krähen auf ihrem selbst erdachten Web-Misthaufen, indem sie ihre seltsamen Sonderlehren verbreiten! Lasst uns nie vergessen, nach der Quelle zu fragen, aus der sie schöpfen! Ist es wirklich das ewige, allgenugsame Wort Gottes? Ist es sein Geist, der die Autoren trieb? Die Christen aus Beröa taten das: *»Sie nahmen das Wort mit aller Bereitwilligkeit auf, indem sie täglich die Schriften untersuchten, ob dies sich so verhielte«* (Apg 17,11). Pflegen wir heute noch diese Kultur? Sind wir dazu überhaupt noch in der Lage?

Die Fürsten bringen jetzt interessanterweise die Quelle ihrer Information, nämlich Jeremia und Baruch, in Sicherheit, bevor sie die dringende Botschaft vor den König bringen. Dieser empfängt Jehudi, der die Rolle mit sich führt. Der Bericht in Jeremia 36 liest sich wie ein Protokoll:

Ort: Winterhaus des Königs
Zeit: 9. Monat (im 5. Regierungsjahr Jojakims)
Heizquelle: ein Kohlenbecken
Anwesende: König, die Fürsten, Jehudi
„Protestanten": Elnathan, Delaja, Gemarja
Bibelkritiker: Jerachmeel, Seraja, Schelemja
Requisiten: Schreibermesser
Hauptakteur: das Wort Gottes

Die Szene wirkt nicht nur düster und unheimlich. Sie ist es auch. Das Treiben im Winterhaus des Königs Jojakim wirkt auch auf den Leser unterkühlt. Ist auch das Herz des Königs in seinem »Winterhaus« bereits erfroren?

Jehudi beginnt mit dem Lesen der Rolle. Nach dem ersten Absatz greift der König zum Schreibermesser, entfernt ein Stück von der Rolle, die er eigentlich hätte abschreiben sollen (5Mo 17,18), und wirft es in das Kohlenbecken. Ein kurzes gespenstisches Flackern, und Asche bleibt zurück. Jehudi liest weiter. Die Szene wiederholt sich wieder und wieder. Schließlich ist die ganze Rolle in Flammen aufgegangen. Kein Aufschrei der anwesenden Fürsten – die sich damit zu Mittätern machen. Statt der Rolle hätten sie lieber ihre Kleider zerreißen sollen. Das hatte Gott erwartet, und genau das wäre zu ihrem Heil gewesen. Aber die Masse schwieg. Lediglich drei kleine Helden verzeichnet Gottes Bericht. Sie *»baten ... den König«* (Schlachter 2000), die Rolle nicht zu verbrennen. Damals verhallte ihr Appell. Ihre Namen kennen wir noch heute!

Die deutsche Christenheit hat den Großteil der »Rolle« bereits in das Kohlenbecken befördert. Das unheimliche Treiben hält bereits Jahrzehnte an. Zuweilen wird das Ganze systematisch betrieben, z. B. mithilfe der Historisch-Kritischen Methode. Wir haben die Wunder herausgeschnitten, und die Jungfrauengeburt auch gleich mit. Wir haben das Schreibermesser an die Verbalinspiration gesetzt und das Wort Gottes seiner Autorität beraubt. Wir haben die sogenannte Frauenfrage auf den Kopf gestellt, trauen uns aber nicht an die Männerfrage. Wir gebrauchen das Messer wie Wahnsinnige und reden uns ein, dass der Feuerschein der verbrannten Rolle der christliche Leuchtturm des 21. Jahrhunderts sei. Aber das Ganze ist das Irrlicht emergenter Endzeitstrategien. Es ist das Grablicht eines christlichen Europas, das wie kein anderes Gebiet dieser Erde durch wunderbare Erweckungen und Aufbrüche privilegiert war. Wenn wir das verbrennen, was *»Leuchte meinem Fuß«* und *»Licht für meinen Pfad«* (vgl. jeweils Ps 119,105) ist, müssen wir zwangsläufig bitter scheitern.

Jojakim will nicht nur die Rolle vernichten, sondern auch ihre Autoren. Aber dieses Vorhaben liegt jenseits seiner Macht. Warum? *»Der HERR hatte sie verborgen.«* 2600 Jahre Geschichte der Bibel seit der Winterhaus-Episode sind ein schlagender Beweis dafür, dass Jojakim letztlich weder die Botschaft der Rolle ausrotten und noch viel weniger der Autoren habhaft werden konnte. Die Bibel hat einen beispielhaften Siegeszug über die ganze Erde gehalten – wie lächerlich, nun die Jagd auf Jeremia und Baruch zu eröffnen! *»Der HERR hatte sie verborgen.«*

Diese herrliche Botschaft Gottes kann vielleicht in zweierlei Hinsicht angewendet werden. Zum einen ist schon der Gedanke allein absurd, der kleine Mensch könne dem Autor der Heiligen Schrift irgendwie den Krieg erklären. *»Der im Himmel thront, lacht, der Herr spottet ihrer«* (Ps 2,4). Zum anderen hat man schon immer die verfolgt, die die Rolle des

Buches zu dem Volk brachten: Werkzeuge Gottes, die in seiner Vollmacht redeten. Aber der HERR hat sie verborgen und so bis heute über sein Wort gewacht.

Lehnst du dich jetzt beim Lesen erleichtert und selbstzufrieden zurück und denkst: ›Das ist nicht mein Problem, ich bin ja bibeltreu‹? Vorsicht! Diese Geschichte des Alten Testaments hat Gott für dich und für mich aufgeschrieben. Sie ist Warnung und Ansporn zugleich. Nur wer zittert, kommt ans Ziel!

»Aber auf diesen will ich blicken: auf den Elenden und den, der zerschlagenen Geistes ist und der da zittert vor meinem Wort« (Jes 66,2).

2. Szene – 2. Chronika 34 / 2. Könige 22

Jojakim endet mit eisernen Fesseln, gebunden in Babel. Das Tragische an seiner Person ist, dass sein Vater Josia ein ähnliches Erlebnis hatte, aber völlig anders reagierte. Nun war es nicht die vierte darauffolgende Generation, auch nicht die dritte oder die zweite – eine Generation reichte, um alles zu vergessen oder sogar auf den Kopf zu stellen.

Hatte Jojakim nie die Erweckungsgeschichte seines Vaters gehört? Hatte Josia sie ihm nie erzählt?

Josia kann auf keinen ruhmreichen Stammbaum zurückblicken: Großvater Manasse und Vater Amon gingen als besonders gottlose Regenten in die Chroniken ein. Dennoch berichtet die Heilige Schrift, dass er mit acht Jahren tat, *»was recht war in den Augen des HERRN; und er wandelte auf allen*

Wegen seines Vaters David und wich weder zur Rechten noch zur Linken ab« (2Kö 22,2). Was hat zu diesem unerwarteten Wechsel geführt? Was war das Geheimnis seiner Gottesfurcht? Wie konnte er in einer so schmutzigen Umgebung sauber bleiben? Auch wenn wir die Antwort nicht mit letzter Sicherheit geben können, liegt die Vermutung nahe, dass seine Mutter eine wichtige Rolle in seinem Leben gespielt hat. Jedida wird im Zusammenhang mit der Thronbesteigung ausdrücklich genannt. Ihr Name bedeutet »die Geliebte«.

Diese Frau nimmt ihre Berufung als Mutter sehr ernst. Ich stelle mir vor, wie sie, statt für einen kostenlosen Kita-Platz zu protestieren, ihrem kleinen Josia von David erzählt. Sie singt seine Psalmen, erzählt von dem spannenden Kampf gegen Goliath und verschweigt auch seine Schwächen nicht. Vor allem erzählt sie von dem Gott Davids, von dem Gott Abrahams, Isaaks und Jakobs. Vielleicht führte diese einmalige Kinderstube dazu, dass ein Junge heranwächst, der mit acht Jahren weiß, wem er gehört und wem er nachfolgen will. Sicher wird er auch nach dem Antritt seiner Herrschaft Berater gehabt haben. Aber das nimmt nichts davon weg, dass die ersten Lebensjahre äußerst entscheidend sind. Sie stellen die Weichen.

Bist du Mutter? Hast du eine Frau, die Mutter ist? Bitte widmet euch euren Kindern, solange es irgend möglich ist. Niemand kann eure Kinder besser erziehen als ihr selbst! Du hast als Mutter eine herrliche Verheißung: *»Nimm dieses*

Kind … und stille es mir, und ich werde dir deinen Lohn geben« (2Mo 2,9). Hör bitte nicht auf das Gezeter unglücklicher Gleichstellungsbeauftragter, die darüber klagen, wie schwierig Karriere und Familie zu vereinbaren seien. Es ist nicht nur schwierig, es ist unmöglich und in vielen Fällen auch nicht nötig. Lass dir nicht einreden, dass du dein Selbstbewusstsein in einem mittelmäßig bezahlten Job aufpolieren musst, den theoretisch auch jeder andere tun könnte. Du machst als Mutter einen so exklusiven, wertvollen und weitreichenden Job, dass du dich durch nichts davon abhalten lassen solltest, deinen Kindern mit viel Zeit und Liebe von dem wahren David zu erzählen. In Gottes Augen bist du eine Heldin. Hoffentlich auch in den Augen deines Mannes und deiner Gemeinde. Verkaufe dich nicht unter Wert!

Wenn es Jedida nicht gegeben hätte, hätte es Josia nicht gegeben. Ohne Susanna Wesley hätte es John und Charles Wesley nicht gegeben. Wenn es Schiphra und Pua nicht gegeben hätte, wären unzählige Kinder in Ägypten gestorben. Es ist nicht übertrieben zu sagen, dass hinter jedem hingegebenen Jünger eine treue Mutter steht.

Dieser Josia machte mit 26 Jahren eine interessante Entdeckung. Er war gerade damit beschäftigt, das Geld, das sich im Haus Gottes angesammelt hatte, an die Verantwortlichen zu verteilen. Er bereicherte sich nicht mit diesem heiligen Geld, wie viele Könige vor ihm, sondern gab es weiter. Bemerkenswert, dass ein so junger Mann und König ein so entspanntes und unverkrampftes Verhältnis zum Geld hatte.

Öffnen wir auch unsere Hände für die, von denen wir geistlich profitiert haben? Paulus sah diese Praxis durchaus als biblisch an (2Kor 9,6).

Nachdem Josia den Auftrag erteilt hatte, das Geld zu verteilen, findet man eine Rolle – *die* Rolle. Sie geht durch verschiedene Hände und landet schließlich beim König. Schaphan liest vor, und wieder gibt es eine außergewöhnliche Reaktion. Statt dass die Rolle zerrissen wird, werden Kleider zerrissen. Josia hat ein feines Empfinden für das Reden Gottes und zögert keinen Augenblick. Er fängt nicht an zu diskutieren oder kramt nicht im Urtext nach einer passenden Lesart. Er zerreißt seine Kleider, und der folgende Text beweist: Er zerreißt auch sein Herz. Deutlicher konnte er seine Betroffenheit und Reue nicht dokumentieren.

Der Prophet Joel sagt in Kapitel 2,13: *»Und zerreißt euer Herz und nicht eure Kleider, und kehrt um zu dem HERRN, eurem Gott.«* Das hatte Josia verstanden. Statt die Autoren der Rolle zu verfolgen, befiehlt er, das Volk zu versammeln, um vor allen – den Größten bis zu den Kleinsten – die »Worte des Buches« lesen zu lassen. Das Ergebnis: *»Alle seine Tage wichen sie nicht ab von der Nachfolge des HERRN, des Gottes ihrer Väter«* (2Chr 34,33).

So bleibt die Erkenntnis, dass, sobald du das Wort Gottes liest, eine Reaktion folgen muss – entweder du wirst dich an dem ewigen Wort vergreifen und es zerschneiden, oder du zerreißt deine Kleider. Das ist die Wirkung eines Buches, das man nicht umsonst »das lebendige Wort Gottes« nennt.

»In Ewigkeit, HERR, steht dein Wort fest in den Himmeln« (Ps 119,89).

Sternstunde 8

Gesegnet sei dein Verstand

»Und David sprach zu Abigail:
Gepriesen sei der HERR, der Gott Israels,
der dich mir an diesem Tag entgegengesandt hat!
Und gesegnet sei dein Verstand, und gesegnet seist du,
die du mich heute davon zurückgehalten hast,
in Blutschuld zu kommen und mir
mit meiner Hand Hilfe zu schaffen!«

— **1. Samuel 25,32-33** —

Die Bibel ist in ihrer Vielseitigkeit phänomenal. Besonders in einigen alttestamentlichen Begebenheiten zeigt sie sich als geniale Lebensschule. Eine dieser Lektionen wollen wir uns im Folgenden ansehen.

Es war ein ganz normaler Tag im Leben eines toten Hundes, eines Flohs. Genau so fühlte und bezeichnete sich David auf seiner Flucht vor Saul. Dieses nicht enden wollende ruhelose Jagen über Steppe und Gebirge, diese Achterbahnfahrt der Seele ... – ein Schwanken zwischen dem Hoffen auf Angenommensein und der Angst um das nackte Leben. Hatte er sich am Ende seine Salbung zum König nur eingeredet?

Wird Saul am Ende doch triumphieren? Warum war sein Freund Jonathan ihm nicht kompromisslos gefolgt?

Inzwischen war er nicht mehr allein. 400 Männer hatten sich in der Höhle Adullam zu ihm gesellt. Lauter gescheiterte Existenzen. Was sie einte, war der zukünftige Herrscher, denn das war David für sie – der König. Bald hatte sich die Truppe auf 600 Männer vergrößert.

In der Wüste hatten sie sich der Schwachen angenommen, einige Herden bewacht und wilde Tiere abgewehrt. Das war harte Arbeit. Aber 600 Mann in der Wüste haben auch Hunger, und sie hofften, dass der Besitzer der Tiere ihnen wenigstens das Notwendige zum Leben geben würde. Doch der hatte nur Verachtung und Spott für sie übrig.

David wirkt ziemlich aufgebracht. Er hatte sich immer wieder zurückgenommen, hatte sich Gott übergeben. Aber irgendwann war die Luft raus. War es die Verantwortung für seine Truppe, die auf ihm lastete? War es sein verletzter Stolz? Jedenfalls befiehlt er dem Großteil seiner Männer, die Waffen zu ergreifen und ihm zu folgen. Sein Plan steht fest: Ein Massaker! Alle Männlichen am Hof dieses reichen Mannes sollen umgebracht werden.

Jemand erfährt davon und alarmiert die Frau des Großbauern – Abigail. Was soll sie tun? Sie steht vor einer schier unlösbaren Aufgabe. 400 hungrige und wütende Männer sind mit einem Tunnelblick unterwegs. Die einen wollen Rache, die anderen umklammern die Grillzange und haben schon den Geruch von leckerer Lammkeule in der Nase.

Die Bibel berichtet, dass das Gelände zerklüftet war. Abigail positioniert sich an einer Stelle, die es ihr ermöglicht, überraschend vor dieser Horde zu erscheinen. David stoppt, und Abigail legt los. Liest man diese acht Verse in Ruhe, findet man sich inmitten einer Sternstunde der Bibel wieder. Eine Frau hat die Weisheit, einen blutrünstigen Noch-nicht-König zu besänftigen und ihn davon abzuhalten, unschuldiges Blut zu vergießen. Ihr gelingt es dadurch, auch diese ganze Todes-Mannschaft zu stoppen.

Wie schafft sie das? Zuerst sehen die Männer, dass Abigail nicht mit leeren Händen gekommen ist. Sie hat reichlich Verpflegung mitgebracht: 200 Brote, zwei Schläuche Wein, fünf zubereitete Schafe, fünf Maß geröstete Körner, 100 Rosinenkuchen und 200 Feigenkuchen. Das war selbst für 400 Mann zu viel. Außerdem nimmt sie in ihrer Rede so viel wie möglich Schuld auf sich. Sie schont sich nicht. Erstaunlicherweise hat sie dabei den Mut, David die Wahrheit zu sagen. Nämlich, dass sein Plan unangemessen und ungerecht sei. Sie sagt: »Wenn du das hier durchziehst, machst du dich schuldig. Erinnere dich bitte an die vergangenen Tage, David. Es gehörte doch zu deinem Lebensprinzip, dir nicht durch deine eigene Hand Hilfe zu verschaffen – warum willst du deine Prinzipien jetzt aufgeben?« Das war wirklich klug. Dann redet sie mit ihm über seine Zukunft. »David, du wirst in Kürze König sein. Soll dieses Massaker, das du gerade anrichten willst, dir dann ein beständiger Vorwurf sein? Das ist es doch nicht wert. Gott wird dir all das Gute geben, das er dir versprochen hat. Wie kannst du daran zweifeln? David, du bist auf dem Weg zur Königsherrschaft! Aber doch nicht so?!«

Zu gern hätte ich in die Gesichter dieser Männer geschaut! David war ihr unbestrittener Anführer, ihr Held. Sie würden seinen Anordnungen Folge leisten – keine Frage. Aber sich einfach so völlig kampf- und willenlos vor dieser Frau zu ergeben – das geht doch zu weit. »David, komm schon!«

Doch David hebt den Arm und gibt das Zeichen zur Umkehr. Unter den Männern konnte man die berühmte Stecknadel fallen hören. Und dann sagt David: *»Gepriesen sei der HERR, der Gott Israels, der dich mir an diesem Tag entgegengesandt hat! Und gesegnet sei dein Verstand, und gesegnet seist du, dass du mich heute davon zurückgehalten hast, in Blutschuld zu kommen und mir mit meiner Hand Hilfe zu schaffen!«*

David war bereit, umzudenken und umzukehren. Das war seine große und außergewöhnliche Stärke. Wenn Gott ihm nach persönlichen Verfehlungen Mahner schickte, hat er zugehört, die Mahnung angenommen und aufrichtig bereut. So auch hier.

Wünschen wir uns nicht alle diesen Verstand Abigails? In schwierigen oder nahezu unlösbaren Situationen das Wort zu reden, das den Dampf aus dem Kessel nimmt, ins Schwarze trifft und den Schuldigen zur Einsicht bringt. Aber auch unsere Worte in Handlungen einzupacken, die dem Schuldigen eine Brücke bauen, über die er gehen kann. *»Eine milde Zunge zerbricht Knochen«* (Spr 25,15). Hier hat eine verständige Zunge 400 Dickschädel zerbrochen.

Kommt uns Männern das bekannt vor? Mit einem Tunnelblick haben wir uns eine Rechtfertigung für unser egoistisches Handeln zurechtgelegt. Wir haben uns eingebildet, jetzt einmal richtig durchgreifen zu müssen. Doch dann kommt deine Frau, hilft dir vom Pferd, nimmt dir die Flinte ab, erzählt dir von der Treue Gottes und deinen eigenen Macken, erinnert dich an vergangene geistliche Siege und legt dir einige Zettel mit Verheißungen Gottes auf das Kopfkissen. Kannst du dann danken, dass Gott dir eine verständige Frau gegeben hat? Kannst du dich freuen, dass du dir die Finger an den Nabals dieser Welt nicht schmutzig gemacht hast? *»Lass dich nicht von dem Bösen überwinden, sondern überwinde das Böse mit dem Guten«* (Röm 12,21).

Ihr Frauen, gebraucht eure Zunge bitte zu »verständigem« Reden.

Ihr Männer, lasst euch von »verständigen« Frauen zähmen. Wir können nicht ohne sie.

Stern
stunde
9

Hoffnung für Juda?

»Da sprach Juda zu seinen Brüdern:
Was für ein Gewinn ist es, dass wir unseren Bruder erschlagen und sein Blut bedecken? Kommt, lasst uns ihn an die Ismaeliter verkaufen.«

— 1. Mose 37,26-27 —

»Und nun, lass doch deinen Knecht anstatt des Knaben bleiben, als Knecht meines Herrn, und der Knabe ziehe hinauf mit seinen Brüdern.«

— 1. Mose 44,33 —

Judas Biografie beginnt wenig ruhmreich. Der erste Satz, den die Bibel von ihm mitteilt, ist folgender: »*Was für ein Gewinn ist es, dass wir unseren Bruder erschlagen und sein Blut bedecken? Kommt, lasst uns ihn an die Ismaeliter verkaufen; aber unsere Hand sei nicht an ihm, denn unser Bruder, unser Fleisch ist er!*« (1Mo 37,26-27). Er hatte die widerliche Idee, seinen eigenen Bruder zu verkaufen, um noch ein wenig Geld aus der ganzen Geschichte herauszuschlagen.

Wenig später, in Kapitel 38, ist Juda noch tiefer gefallen. Er zieht von seinen Brüdern weg und bekommt von einer Frau aus dem heidnischen Volk der Kanaaniter drei Söhne, von denen bald zwei durch die Hand Gottes sterben. Seine Schwiegertochter Tamar verkleidet sich als Prostituierte, und Juda geht zu ihr ein – ohne zu wissen oder zu merken, dass es sich um seine Schwiegertochter handelt. Diese Zeit scheint ähnlich sexualisiert gewesen zu sein wie unsere – wie könnte man sich sonst den abartigen Lebensstil Judas erklären?

Tamar wird von ihrem Schwiegervater schwanger, der nach drei Monaten Wind davon bekommt, dass Tamar durch Hurerei schwanger geworden sei. Er, voller Verachtung und verfinstertem Gerechtigkeitssinn, spricht sein Urteil: *»Führt sie hinaus, dass sie verbrannt werde!«*

Es gibt mehrere Gründe, warum dieser Urteilsspruch absolut unangemessen war. Zum einen war es bis dato nicht üblich, Menschen zur Strafe zu verbrennen. Weiterhin wurde dieses Urteil gesprochen, ohne die betreffende Person anzuhören. Und schließlich hätte man mit diesem Urteil nicht nur Tamar getötet, sondern auch das ungeborene Kind. Letzteres kommt uns leider bekannt vor.

Dieser Satz zeigt Juda als gefühllosen Egozentriker. Weder das Schreien Josephs in der Grube noch eine schwangere Frau, die man ihm zur Verurteilung vorführen soll, können sein Herz erweichen. Es verursacht ihm keine Schuldgefühle, den ersten Scheiterhaufen der Geschichte für sie zu bauen. Der Wert eines Menschen bedeutet ihm nichts.

Nachdem Tamar ihre Trümpfe gezogen hat und Juda als der wahre Schuldige bloßgestellt ist, scheint er nachdenklich zu werden: *»Sie ist gerechter als ich ...«* Noch immer betrachtet er sich als das Maß aller Dinge, aber er erkennt an, dass er durch diese Enttarnung zu einem Schuldgeständnis gezwungen wird.

Ist seine weitere Entwicklung nicht vorprogrammiert? Können wir nicht jetzt schon sagen, wie Juda enden wird? Als verbitterter Menschenhasser, als Ekel der Gesellschaft, als Ausgestoßener? Ja, das könnte man denken, wenn nicht genau an dieser Stelle wieder einmal die »Sterne« aufgehen würden.

Gott durchläuft eine mehr als zwanzigjährige Erziehungsprozedur mit den Brüdern Josephs – wahrlich ein Wechselbad der Gefühle. Sie hungern und reisen nach Ägypten. Dort geschehen merkwürdige Sachen, und sie müssen zusehen, wie einer von ihnen gefangen genommen wird. Simeon muss in Ägypten bleiben – ob sich die Nummer mit Joseph jetzt rächt?

Als sie zurückkehren, ist Vater Jakob entsetzt. Erst Josephs »Unfall« und jetzt auch noch Simeon?! Rubens Angebot, als Ausgleich seine beiden Söhne zu töten, ist in diesem Zusammenhang einfach nur absurd. Schließlich ziehen sie wieder nach Ägypten, diesmal mit Benjamin. Wieder stehen sie vor Joseph. Sie werden zu einem regelrechten Staatsbankett geladen. Dieser seltsame Herrscher wird immer mysteriöser. Seltsam – er platziert die Brüder genau in der richtigen Reihenfolge ... Wieder fischen sie ihr Geld aus dem Sack und – o Schreck! – den goldenen Becher des Herrschers! »*Bei wem von deinen Knechten er gefunden wird, der sterbe*«, hatten sie vollmundig erklärt, ohne zu ahnen, dass Joseph den Becher in Benjamins Sack deponiert hatte.

Sie waren vollständig am Ende – schachmatt! Die Hemden klatschnass geschwitzt, die Gesichter kreidebleich, liegen sie vor Joseph auf der Erde – nun wird ein Traum wahr.

Was nun? Wer wird das Wort ergreifen? Was soll man jetzt noch sagen? Der Augenblick für eine Sternstunde ist gekommen. Wer räuspert sich da? Juda! Und er beginnt genau mit dieser Frage: »*Was sollen wir meinem Herrn sagen?*«

Ausgerechnet Juda, der abgebrühte Zocker, der aus dem schreienden Elendshaufen unten in der Grube noch Geld gemacht hatte, Juda, der keine Skrupel hatte bei dem Vorhaben, eine schwangere Frau verbrennen zu lassen – dieser Juda setzt zur Rede seines Lebens an. Du wirst in der Bibel wohl kaum einen Menschen finden, den Gott so gründlich verändert, so völlig umgekrempelt hat. Von diesem Juda in 1. Mose 44,18ff. hat der göttliche Goldschmied in der Zwischenzeit so einiges an Schlacke entfernt (Spr 25,4). Daran wollen wir denken, wenn wir jetzt seiner Rede lauschen:

Da trat Juda zu ihm und sprach: Bitte, mein Herr, lass doch deinen Knecht ein Wort reden zu den Ohren meines Herrn, und es entbrenne nicht dein Zorn gegen deinen Knecht, denn du bist wie der Pharao. Mein Herr fragte seine Knechte und sprach: Habt ihr noch einen Vater oder einen Bruder? Und wir sprachen zu meinem Herrn: Wir haben einen alten Vater und einen jungen Knaben, der ihm im Alter geboren wurde; und dessen Bruder ist tot, und er allein ist von seiner Mutter übrig geblieben, und sein Vater hat ihn lieb. Und du sprachst zu deinen Knechten: Bringt ihn zu mir herab, dass ich mein Auge auf ihn richte. Und wir sprachen zu meinem Herrn: Der Knabe kann seinen Vater nicht verlassen; verließe er seinen Vater, so würde er sterben. Da sprachst du zu deinen Knechten: Wenn euer jüngster Bruder nicht mit euch herabkommt, so sollt ihr mein Angesicht nicht mehr sehen. Und es geschah, als wir hinaufgezogen waren zu deinem Knecht, meinem Vater, da berichteten wir ihm die Worte meines Herrn. Und unser Vater sprach: Zieht wieder hin, kauft uns ein wenig Speise. Wir aber sprachen: Wir können nicht hinabziehen. Wenn unser jüngster Bruder bei uns ist, so wollen wir hinabziehen; denn wir dürfen das Angesicht des Mannes nicht sehen, wenn unser jüngster Bruder nicht bei uns ist. Und dein Knecht, mein Vater, sprach zu uns: Ihr wisst, dass meine Frau mir zwei geboren hat; und der eine ist von mir weggegangen, und ich sprach: Gewiss, er ist zerrissen worden; und ich habe ihn nicht mehr gesehen bis jetzt. Und nehmt ihr auch diesen von mir weg, und es begegnet ihm ein Unfall, so werdet ihr mein graues Haar mit Unglück hinabbringen in den Scheol. Und nun, wenn ich zu deinem Knecht, meinem Vater, komme und der Knabe ist nicht bei uns – und seine Seele hängt an dessen Seele –, so wird es geschehen, dass er stirbt, wenn er sieht, dass der Knabe nicht da ist; und deine Knechte werden das graue Haar deines Knechtes, unseres Vaters, mit Kummer hinabbringen in den Scheol. Denn dein Knecht ist für den Knaben Bürge geworden bei meinem Vater, indem ich sprach: Wenn ich ihn nicht zu dir bringe, so will ich alle Tage gegen meinen Vater gesündigt haben. Und nun, lass doch deinen Knecht anstatt des Knaben bleiben, als Knecht meines Herrn, und der Knabe ziehe hinauf mit seinen Brüdern; denn wie sollte ich zu meinem Vater hinaufziehen, wenn der Knabe nicht bei mir wäre? – dass ich nicht das Unglück ansehen müsse, das meinen Vater treffen würde! (44,18-34).

Diese Rede ist ein Höhepunkt der Erziehungswege Gottes mit den Brüdern – Joseph hat genug gehört. Er gibt sich zu erkennen. Seine Brüder trifft der Schlag.

Judas Veränderung zeigt sich nicht nur in schönen Worten. Er lässt auch Taten sprechen: »*Und nun, lass doch deinen Knecht anstatt des Knaben bleiben, als Knecht meines Herrn.*« Das war Bereitschaft zur selbst gewählten Sklaverei – aus Liebe zu seinem Vater. Er brachte es einfach nicht übers Herz, ihn leiden zu sehen. – Juda, bist du es wirklich?

Gott verändert Menschen, und er tut es bis heute. Diese Art Veränderung hat sich tausendfach wiederholt. Vielleicht hältst du dich selbst für unverbesserlich? »*Das Gesetz des Geistes des Lebens in Christus Jesus hat [d]ich frei gemacht von dem Gesetz der Sünde und des Todes*« (Röm 8,2). »*Daher, wenn jemand in Christus ist, da ist eine neue Schöpfung; das Alte ist vergangen, siehe, Neues ist geworden«* (2Kor 5,17). Auch wenn du es nicht kannst, Gott kann es.

Hoffnung für Juda? Ja, die gibt es. Vielleicht kennst du Menschen, die für dich ein hoffnungsloser Fall sind. Juda erinnert uns daran, dass es sie nicht gibt. Gott hat Mittel und Wege, mit jeder noch so kaputten Kreatur ans Ziel zu kommen.

Judas Geschichte endet nicht mit dieser Rede. Er taucht Jahrhunderte später im Stammbaum des Herrn Jesus wieder auf, und sein Name wird im zukünftigen Friedensreich über einem Tor stehen. Sind Gottes Wege nicht wirklich »unausspürbar«?

»Siehe, das sind die Säume seiner Wege; und wie wenig [eigentlich ›welch flüsterndes Wort‹] haben wir von ihm gehört!« (Hi 26,14).

Sternstunde

10

Die letzten Stunden Elisas

»Und Elisa erkrankte an seiner Krankheit, an der er starb. Und Joas, der König von Israel, kam zu ihm herab und weinte über seinem Angesicht und sprach: Mein Vater, mein Vater! Wagen Israels und seine Reiter! Da sprach Elisa zu ihm: Hole Bogen und Pfeile. Und er holte ihm Bogen und Pfeile. Und er sprach zum König von Israel: Lege deine Hand auf den Bogen. Da legte er seine Hand darauf; und Elisa tat seine Hände auf die Hände des Königs. Und er sprach: Öffne das Fenster nach Osten. Und er öffnete es. Und Elisa sprach: Schieße! Und er schoss. Und er sprach: Ein Pfeil der Rettung von dem HERRN und ein Pfeil der Rettung gegen die Syrer! Und so wirst du die Syrer in Aphek schlagen bis zur Vernichtung. Und er sprach: Nimm die Pfeile. Und er nahm sie. Und er sprach zum König von Israel: Schlage auf die Erde! Und er schlug dreimal und hielt inne. Da wurde der Mann Gottes zornig über ihn und sprach: Du hättest fünf- oder sechsmal schlagen sollen, dann würdest du die Syrer bis zur Vernichtung schlagen; nun aber wirst du die Syrer dreimal schlagen.

Und Elisa starb, und man begrub ihn. Und es kamen Streifscharen der Moabiter ins Land, als das Jahr anfing. Und es geschah, als sie einen Mann begruben, siehe, da sahen sie die Streifschar, und sie warfen den Mann in das Grab Elisas; und als der Mann hineinkam und die Gebeine Elisas berührte, da wurde er lebendig und erhob sich auf seine Füße.«

— **2. Könige 13,14-21** —

Diese Sternstunde ist eine Zwillings-Sternstunde. Sie ereignete sich im Leben Elisas. Dieser außergewöhnliche alttestamentliche Prophet steht etwas im Schatten seines Vorgängers Elia. Dabei fehlt es weder an Höhepunkten noch an denkwürdigen Augenblicken.

Das Ende Elisas wird durch zwei Ereignisse geprägt, die eine besondere Lehrstunde darstellen: Sie zeigen, wie und wodurch man lebt. Es sind vorbildhafte Unterweisungen, autorisiert durch Bibelstellen wie 1. Korinther 10,6.11.

Als junger Mann hat Elisa die einmalige Chance, eine Bitte vor Elia zu äußern. Bei diesem Wunsch zeigt Elisa keine falsche Bescheidenheit, sondern erscheint eher forsch und »unverschämt«: »Ich wünsche mir, dass mein Leben das Doppelte deines Lebens bewirkt.« »Einmal zweimal Elia, bitte!« Das war mal eine Ansage! Und sie war weder unverschämt noch arrogant. Vermutlich denkt er hier an das sogenannte Erstgeburtsrecht, dem zufolge dem zuerst Geborenen das doppelte Erbe zustand. Die Erfüllung der Bitte macht Elia davon abhängig, ob sein Nachfolger fähig ist, einen Blick in den Himmel zu tun, und ob er in dem Geist der Auferstehung leben würde. Könnte er tatsächlich »im Glauben leben«?

Offenbar rechnet Elisa mit Gott, und seine Bitte wird erhört. Elia tat sieben Wunder in seinem Leben und Elisa folglich 13?! Jedenfalls, bis er starb. Zur Auflösung dieser überschaubaren Rechenaufgabe kommen wir später.

Auf dem Sterbebett liegend, bekommt Elisa nach einen langen, im wahrsten Sinne des Wortes wundervollen Leben Besuch von Joas, einem König des Zehn-Stämme-Reiches. Seine Begrüßung dürfte Elisa bekannt vorgekommen sein. Ja, diese Worte hatte er selbst gebraucht, als sein geistlicher Vater in den Himmel fuhr. Hatte sich dieser Ausruf herumgesprochen, dass Joas ihn hier gebraucht? War er vielleicht zu seinem Markenzeichen geworden, dieser Blick in den Himmel?

Joas hat ein Problem. Wieder einmal steht der Feind vor den Toren. Elisa erteilt dem König eine Übungsstunde im Bogenschießen.

»Nimm den Bogen« – aktiv werden musst du selbst, König. Das kann und werde ich dir nicht abnehmen. Nimm den Kampf auf – trage Verantwortung.

»Lege deine Hand auf den Pfeil.« Da merkt er, wie Elisa seine Hände auf seine eigenen Hände legt. So unscheinbar und unbedeutend diese kleine Handlung scheint, sie ist in

Wahrheit eine Sternstunde. Die Lektion ist: Schieße die Pfeile deines Lebens nur ab, wenn du sicher bist, dass Gottes Hände auf deinen Händen ruhen. Denn das Bild macht es völlig klar – die Richtung und Treffsicherheit des Pfeiles wird von Elisas Händen bestimmt.

»Öffne das Fenster.« Keine schlechte Idee, wenn man im Wohnzimmer mit Pfeil und Bogen übt. Aber hier geht es nicht um die Haftpflichtversicherung, sondern um deine geistliche Versicherung. Geöffnete Fenster reden in der Bibel von Gebet. Das sehen wir auch bei Daniel, der trotz Androhung der Todesstrafe weiterhin fröhlich das Fenster öffnete und seine Gebetsgewohnheiten in keinem Punkt veränderte oder einschränkte.

So kannst du Entscheidungen treffen, die ins Schwarze treffen. Gottes Hände auf deinen Händen und die Knie auf dem Boden. Klingt das zu einfach, zu simpel? Ja, es ist nicht kompliziert – wenn Beten nicht so schwierig und herausfordernd wäre.

In der Geschichte des Joas wird deutlich, dass ihm Ausdauer fehlte. Er hätte mit den Pfeilen schlagen sollen. Und vielleicht ist das der dritte Punkt – die Frage des Gehorsams. Er fand das ungewöhnlich – Pfeile sind schließlich kein Schlaginstrument. Das kommt uns fremd vor.

Gott gibt uns streckenweise ungewöhnliche und unerwartete Aufträge. Sind wir dann bereit, sie einfach auszuführen, weil er es gesagt hat? Petrus hatte die ganze Nacht gefischt. Jetzt soll er das Netz auf der rechten Seite des Bootes auswerfen. Das ist nicht logisch! Nein, es ist wirklich nicht logisch – aber Gott hat es gesagt, und es führt schließlich zum Ziel. Als Elisa einmal von Feinden angegriffen wird, holt er zum Gegenschlag aus – mit Kalbsmedaillons und Champignons. Er lädt sie zum Essen ein. Ungewöhnlich? Durchaus!

Diese kleine Sterbebettszene lehrt uns, wie wir leben können. Vergewissere dich, dass du Gottes Segen hast, vergiss das Gebet nicht, und dann: Geh! Sei gehorsam und überlass Gott die Folgen!

Elisa stirbt. Schade. Wir hätten gern noch ein Wunder erlebt, dann wären wir auf 14 gekommen, und unsere Mathe-Aufgabe wäre aufgegangen.

Jetzt geschieht das wirklich Wunderbare. Elisa tut sein letztes Wunder, als er bereits tot ist. Wenn das keine Sternstunde ist! Hören wir einfach zu:

»Und Elisa starb, und man begrub ihn. Und es kamen Streifscharen der Moabiter ins Land, als das Jahr anfing. Und es geschah, als sie einen Mann begruben, siehe, da sahen sie die Streifschar, und sie warfen den Mann in das Grab Elisas; und als der Mann hineinkam und die Gebeine Elisas berührte, da wurde er lebendig und erhob sich auf seine Füße« (2Kö 13,20-21).

Stell dir das einmal live und in Farbe vor. Da ist Krieg. Einer der Krieger wird getötet, und in der ganzen Hektik wissen seine Kameraden nicht, wohin mit ihrem toten Mitstreiter. Plötzlich entdecken sie ein offenes Grab. Prima, das ist die Lösung! Sie werfen den Leichnam hinein. Nicht sehr feierlich, und für eine Grabrede war auch keine Zeit. Eine Minute später ruft einer aus dem Grab: »He! Waaartet auf mich!« – Was für eine Geschichte!

Die Kameraden wussten nicht, dass das Grab schon belegt war. Sie wussten auch nicht, wer sich in diesem Grab befand. Als der Tote den Toten berührt, wird er lebendig. Willst du ungewöhnliche Geschichten lesen, dann lies die Bibel.

Aber was hat das alles zu bedeuten? Nun, zuerst haben wir gelernt, wie wir leben. Aber hier in dieser Geschichte lernen wir, wodurch wir leben. Der tote Soldat, das bist du – *»als wir in den Vergehungen tot waren«* (Eph 2,5). Ein hoffnungsloser Fall, denn für einen Toten gibt es wirklich keine Hoffnung. Wie kann er aber trotzdem wieder leben? Die einfache Antwort, die uns diese Geschichte lehrt, ist die: Du musst mit einem gestorbenen Christus in Berührung kommen, damit du leben kannst. Und genau deshalb steht diese Geschichte noch einmal in der Bibel – in Römer 6. Du bist *»mitgestorben«*, *»mitgekreuzigt«*, *»mitbegraben«* und schließlich *»mitauferweckt«*.

Der Schlüssel für Leben im Überfluss ist der Tod Christi – verbunden mit deiner Bereitschaft, dich mit seinem Tod zu identifizieren. Es ist die Anerkennung des eigenen Bankrotts und der völligen eigenen Unfähigkeit. Es bleibt für dich kein Ruhm, keine Ehre, nur ein bisschen Todesgeruch. *»Wo ist nun der Ruhm? Er ist ausgeschlossen worden«* (Röm 3,27). Ist das der Grund, warum so viele diesen Schritt zum Leben heute scheuen? Bist du diesen Schritt schon gegangen?

Elisa hat sein Werk getan. 14 Wunder stehen auf seiner Habenseite. Sein Gebet wurde erhört. Der Herr hat sein Werk auch getan. Millionen von Wundern stehen auf seiner Habenseite. Millionen sind jubelnd aus dem Grab gekrochen und in die Nachfolge des Meisters eingetreten. Sie haben es nie bereut.

Sternstunde 11

Schöne Frauen

Kürzlich belehrten mich die Medien, dass Kinder ein Klimarisiko seien. Ihr CO_2-Ausstoß sei einfach zu groß. So Frau Brunschweiger in ihrem Buch *Kinderfrei statt kinderlos. Ein Manifest.* In diesem Zusammenhang hat diese Frau sich als bewusste Nichtgebärerin geoutet. Wir spielen also in derselben Liga! Ich bin auch Nichtgebärer! Solche Meldungen kann ich nur mit einer gehörigen Portion Humor ertragen – und während ich liebevoll an meine sechs Klimaschädlinge denke, möchte ich in diesem Kapitel die Aufmerksamkeit auf eine Mutter-Sternstunde lenken.

Das zweite Buch Mose ist das Buch der Befreiung – ein großartiges Bibelbuch. Ein geknechtetes Volk wird von seinen Ketten befreit; es singt das erste Lied seiner Geschichte und erlebt schließlich, dass die Herrlichkeit Gottes in seiner Mitte Einzug hält. Triumphal! Es beginnt aber weder mit der Vorstellung des Retters noch mit der Beschreibung des damals mächtigsten Menschen, des Pharaos, sondern mit einem überraschenden Paukenschlag, nämlich mit der Geschichte von zwei Frauen. Gott stellt sie im Unterschied zu dem hier nur kurz erwähnten Herrscher Ägyptens namentlich vor. Millionen von Menschen haben durch die Jahrtausende von ihrer mutigen Tat und ihrem Heldenstatus erfahren.

Was diese Geschichte so spannend macht, ist die Tatsache, dass sie vor dem Hintergrund der in Europa immer mehr um sich greifenden Geburtenphobie ungeheure Aktualität und Brisanz besitzt. Welche Geschichte aus der Bibel eignet sich besser, einem verirrten Europa den ethischen Spiegel vorzuhalten?

Kurz zum Text: Der Pharao persönlich weist die beiden Hebammen an, die Jungen der Israeliten während der Geburt zu töten. Ein *einmaliges* Massaker? Leider nein:

1. Wir töten allein in Deutschland nach offiziellen Zahlen jährlich ca. 100 000 ungeborene Kinder. Wie kann bei dieser Zahl auch nur ein Bundestagsabgeordneter ruhig schlafen?

2. Wir werden in Kürze selektiv töten – erwartest du ein Downsyndrom-Kind, dann töte es. Es könnte deinen Lebensstandard »unzumutbar« senken. Aus anderen Gründen ist das selektive Töten von Kindern bereits heute möglich.

3. Den chinesischen Politikern mit ihrer Ein-Kind-Politik dürfte diese Episode besonders bekannt vorkommen. Dieser soziologische Eingriff gilt inzwischen als komplett gescheitert, ungeachtet seiner ethischen Komponente.

Die Hebammen ignorieren das Gebot des Königs. Warum? Sie *»fürchten Gott«*. Ein brillantes Zeugnis! Sie befanden sich nicht in einer Demo-Haltung und verfielen auch nicht in den Diskutier-Modus. Wie oft habe ich schon »Wir müssten eigentlich ...« gehört, wie oft habe ich es schon selbst gesagt! Nichts von alledem bei diesen beiden Frauen. Sie handeln, weil sie Gott fürchten. Das war ihre Motivation. Deshalb setzt Gott ihnen in seinem heiligen Wort ein Denkmal.

Sie verhelfen vielen Kindern zum Leben. Als sie zum Rapport gerufen werden, schenkt Gott ihnen eine Erklärung, die sie vor der Lüge bewahrt und ihnen dennoch das Leben rettet. Ohne Zweifel ging es bei ihrer Vorladung ins ägyptische Oval Office nicht um die Gelbe Karte, sondern um Leben oder Tod. Gott schenkt ihnen nicht nur das Leben, sondern tut ihnen »Gutes«. Gott belohnt sie mit eigenen Familien.

Der weitere Verlauf der Begebenheit zeigt, dass die mutigen Taten der beiden Frauen sehr weitreichende Folgen hatten. Durch ihr beherztes Intervenieren entstand schließlich ein starkes Volk.

Als Mutter musst du dir viele dumme Sprüche anhören. Bis dahin, dass du durch dein verantwortungsloses Kindergebären jetzt auch noch die Umwelt belastest. Hier bietet Gott dir ein sehr motivierendes Kontrastprogramm an. Er belohnt deine Gottesfurcht und Treue. Er tut dir Gutes und schenkt dir eine Familie. Schließlich sorgt er dafür, dass aus deinen Winzlingen Männer und Frauen werden, die sein Volk stark machen. Braucht es noch mehr Ermutigung?

Vielleicht bis du nicht buchstäblich Mutter, aber hast mit jungen Menschen zu tun, die du zum Herrn führen darfst. Dann kannst du die Verheißungen aus 2. Mose 1 genauso auf dich beziehen. Wenn schon ein großer Segen darauf liegt, Kinder zu gebären und großzuziehen, wie viel mehr liegen dann Gottes Segen und seine Verheißung auf dem Dienst, der Kinder und junge Leute zum Herrn führt!

Jetzt habe ich fast die Namen dieser beiden Frauen vergessen: Schiphra und Pua, das bedeutet *Schönheit* und *Lieblichkeit*. Gottes Schönheitsbegriff weicht schon mal von den heute gängigen Schönheitsidealen ab. Frauen, die eine Reihe von Kindern geboren haben, bleibt keine Zeit für das Bräunungsstudio. Aber sie haben eine Schönheit, die etwas Unvergängliches und Majestätisches an sich hat.

Vielleicht erlebst du manchmal auch Zeiten, in denen du nachts nicht schlafen kannst. Manche empfehlen, in dieser Zeit zu beten. Ich habe ein halbes Stündchen dazu benutzt, in Ruhe meine Frau zu betrachten. Sie hat mir sechs Kinder geboren, die mich so glücklich machen und für die ich so dankbar bin. In dieser Nacht wurde mir neu bewusst, wie schön diese Frau und Mutter und Oma ist.

Gute Nacht, Schiphra!

»Deine Quelle sei gesegnet, und erfreue dich an der Frau deiner Jugend.«

— **Sprüche 5,18** —

Sternstunde 12

Eine überraschende Regierungserklärung

Im Lauf seiner Geschichte wurde das Volk Israel von sehr unterschiedlichen und zuweilen auch merkwürdigen Königen regiert. Der, um den es in dieser Sternstunde gehen soll, ist im wahrsten Sinn des Wortes merk-würdig. Die Rede ist von Josaphat. Er regierte in der ersten Phase des Zwei-Stämme-Reiches. Seine Geschichte findet man im 2. Buch der Chroniken in den Kapiteln 17 bis 20. Es empfiehlt sich, dieses Buch an dieser Stelle aus der Hand zu legen, um zunächst den biblischen Bericht zu lesen.

Wieder einmal herrscht Krieg. Gleich drei Armeen haben sich gegen Israel verbündet. Als König Josaphat davon erfährt, reagiert er direkt zu Beginn dieser Begebenheit sehr ungewöhnlich. Statt seinen Soldaten einen Döner zu spendieren, ruft er ein Fasten aus! Seine erste Besprechung ist keine Kabinettssitzung, sondern ein Gespräch mit dem Allerhöchsten. Dieses Gebet ist Lebens- und Glaubensschule zugleich. Wir wollen ihm aufmerksam zuhören:

HERR, Gott unserer Väter, bist du es nicht, der da Gott im Himmel ist, und bist du nicht der Herrscher über alle König-

reiche der Nationen? Und in deiner Hand ist Kraft und Macht; und niemand vermag gegen dich zu bestehen. Hast nicht du, unser Gott, die Bewohner dieses Landes vor deinem Volk Israel vertrieben und es den Nachkommen Abrahams, deines Freundes, gegeben auf ewig? Und sie haben darin gewohnt und haben dir ein Heiligtum darin gebaut für deinen Namen und gesagt: Wenn Unglück über uns kommt, Schwert, Strafgericht oder Pest oder Hungersnot, und wir treten vor dieses Haus und vor dich – denn dein Name ist in diesem Haus – und schreien zu dir aus unserer Bedrängnis, so wirst du hören und retten. Und nun, siehe, die Kinder Ammon und Moab und die vom Gebirge Seir, unter die zu kommen du Israel nicht gestattet hast, als sie aus dem Land Ägypten kamen, sondern sie sind ihnen ausgewichen und haben sie nicht vertilgt – siehe da, sie vergelten es uns, indem sie kommen, um uns aus deinem Besitztum zu vertreiben, das du uns zum Besitz gegeben hast. Unser Gott, willst du sie nicht richten? Denn in uns ist keine Kraft vor dieser großen Menge, die gegen uns kommt; und wir wissen nicht, was wir tun sollen, sondern auf dich sind unsere Augen gerichtet (2Chr 20,6-12).

1. Er spart sich unnötige Umwege und geht sofort zu Gott, dem Höchsten. Er begegnet Gott in der Haltung echter Gottesfurcht. Er weiß, dass er zu dem »Gott im Himmel« redet. Er weiß um die Allmacht Gottes und erinnert sich an die Taten Gottes in der Vergangenheit. – Ist uns beim Beten be-

wusst, zu wem wir reden? Sind wir von der Allmacht Gottes überzeugt, und beten wir mutig?

2. Sein Gebet beruft sich auf Verheißungen Gottes. Als Salomo den Tempel einweihte, da betete er genau den Satz aus Vers 9, den Josaphat nun als Verheißung Gott in Erinnerung ruft: »*Wenn Unglück über uns kommt, Schwert, Strafgericht oder Pest oder Hungersnot, und wir treten vor dieses Haus und vor dich – denn dein Name ist in diesem Haus – und schreien zu dir aus unserer Bedrängnis, so wirst du hören und retten.*« Josaphat wirft sich in seiner Not ganz auf Gott, aber nicht blindlings oder verzweifelt. Er hat ein Wort Gottes, darauf stützt er sich. Wie viele Verheißungen hast du schon gelesen, wie viele Predigten hast du schon gehört? Wagst du es, deinen Fuß darauf zu stellen, Gott anzuflehen, seine Verheißungen wahr zu machen?

3. Was darauf folgt, ist eine Sternstunde unter den Regierungserklärungen der vergangenen 3000 Jahre. Warum? Weil es so völlig ungewöhnlich und gänzlich unerwartet ist. »*In uns ist keine Kraft.*« Melden sich die Herrscher unserer Zeit zu Wort, vermitteln sie: »Yes, we can«, und: »Wir schaffen das.« Das ist einfach arrogant und unklug. Aber wer eine Wahl gewinnen will, kann sich Sätze wie »In uns ist keine Kraft« nicht leisten. Jedenfalls meint man das. Josaphat hat keine Angst vor schlechten Umfragewerten. Er taktiert nicht, er ist kein Meister der Diplomatie, sondern er weiß

ganz einfach, dass er es nicht kann – entwaffnend im wahrsten Sinn des Wortes. Er legt die Waffen nieder und fällt vor dem Angesicht Gottes auf die Knie: *»In uns ist keine Kraft.«* Warum fällt es uns so schwer, das einzugestehen? Natürlich ist es unangenehm, seine eigene Schwäche zu proklamieren, es ist unpopulär zu sagen: »Ich kann es nicht«, oder: »Ich schaffe es nicht.« Solange die Herrscher des 21. Jahrhunderts sich nicht vor Gott demütigen – und ihnen steht das Wasser bis zum Hals –, solange wird es ihnen nicht gelingen. Erst unsere Bankrotterklärung vor Gott wird uns aus unserem Gefängnis befreien, dessen Mauern aus Egoismus, Selbstverliebtheit und maßloser Arroganz gebaut sind.

4. Doch es geht noch weiter: *»Wir wissen nicht, was wir tun sollen.«* Herrlich! Da steht der Herrscher des Südreiches – Millionen erwarten seine Erklärung, übertragen auf allen Kanälen, und was bekommen sie zu hören? »Wir haben keine Kraft und keine Ahnung.« Keine Strategie, kein Notfallpaket. Hast du jemals eine solche Regierungserklärung gehört?

Es ist das Geheimnis wahren Lebens, genau nach dieser Maxime zu leben: Ein Überzeugtsein von der eigenen Unfähigkeit und das Aufgeben eigener Strategien. Das ist die eine Seite der Medaille – aber dabei bleibt Josaphat nicht stehen: *»Auf dich sind unsere Augen gerichtet.«*

Der Mensch und die Menschheit können ihrer Bestimmung nur gerecht werden, wenn sie ihre Abhängigkeit von Gott anerkennen und dankbar annehmen. Etwas Besseres konnte dieser König seinem Volk als Marschrichtung nicht empfehlen, als die Augen auf Gott zu richten.

Gott antwortet unmittelbar. Er übernimmt den Kampf: *»Denn nicht euer ist der Kampf, sondern Gottes!«* (V. 15). Josaphat verneigt sich vor Gott *»mit dem Gesicht zur Erde«* (V. 18); das Volk folgt seinem Beispiel und betet Gott an. Wie weise reagiert dieser Landesherr, indem er sich für alle sichtbar vor Gott demütigt und so das ganze Volk zu Gott führt. Nicht »ohne Gott und Sonnenschein« wollte er die Ernte einbringen wie die Kommunisten in der ehemaligen DDR, sondern mit Gott und seinem Segen wollte er dem Feind entgegentreten.

Wie geht die Geschichte aus? Josaphat schickt keine Elitetruppen in den Kampf, sondern die Musikschule von Jerusalem. *»Und er beriet sich mit dem Volk und bestellte Sänger für den HERRN, die lobsangen in heiligem Schmuck, wobei sie vor den Gerüsteten her auszogen und sprachen: Preist den HERRN, denn seine Güte währt ewig!«* (V. 21). In der Tat, eine sehr merk-würdige Kriegsführung. Gott liebt offenbar diese seltsamen Vorgänge, die seine Weisheit und Allmacht demonstrieren. Am Ende schreibt der Chronist: *»Und das Königreich Josaphats hatte Ruhe; und sein Gott schaffte ihm Ruhe ringsumher«* (V. 30).

Was lernen wir daraus? Verwirre deinen Gegner mit Lobliedern. Sind wir nicht deshalb oft nur geistliche Fruchtzwerge, weil das alltägliche Lob in unseren Herzen und Häusern verstummt ist?

Sternstunde 13

Die Gemeinde – der Himmel auf Erden

Als meine Kinder noch klein waren, hatte ich vor Weihnachten immer einige Geheimnisse vor ihnen. Da lagen die Geschenke bereit, und es fiel mir extrem schwer, nichts zu verraten. Daher war meine Freude bei der Enthüllung der lange gehüteten Überraschungen oft größer als die der Empfänger.

Gott hat auch ein Geheimnis – ein sehr außergewöhnliches und einmaliges. Jahrhunderte hat er geschwiegen und es geheim gehalten. Es war *»von den Zeitaltern her verborgen«* (Eph 3,9). Ich habe mich immer gefragt: Warum macht Gott so etwas? Warum denkt er sich eine ganz besondere Sache aus und hält sie dann vor den Menschen geheim? War es die Vorfreude auf die Enthüllung dieses Geheimnisses? Die ungeheure Spannung vor dem Moment, in dem er den Vorhang beiseiteziehen würde?

Gerade der Brief an die Epheser spricht von diesem Geheimnis. Paulus wird eingeweiht und darf es verraten. Aber worin besteht es nun? Zur Zeit des Alten Testaments hatte Gott sich einem einzelnen Volk aus Liebe zugewandt: *»Nicht weil ihr mehr wäret als alle Völker, hat der HERR sich euch zu-*

geneigt und euch erwählt; denn ihr seid das geringste unter allen Völkern; sondern wegen der Liebe des HERRN zu euch und weil er den Eid hielt, den er euren Vätern geschworen hat, hat der HERR euch mit starker Hand herausgeführt und dich erlöst aus dem Haus der Knechtschaft, aus der Hand des Pharaos, des Königs von Ägypten« (5Mo 7,7-8). Als der Herr Jesus Christus als Messias zu seinem irdischen Volk kommt, nehmen ihn zwar Einzelne an, aber die Mehrheit des Volkes lehnt ihn ab. *»Sein Blut komme über uns und über unsere Kinder«* (Mt 27,25). Die Tür wird zugeschlagen.

Nach seiner Auferstehung aus den Toten erscheint der Herr Jesus im Verlauf von 40 Tagen noch mehrmals seinen Jüngern, bevor er zurück zum Vater geht. Das Letzte, was seine Jünger dabei sehen, sind segnende Hände (Lk 24,50). Weitere zehn Tage später beginnt Gott, sein Geheimnis zu enthüllen. Der Vorhang lüftet sich, und ein genialer Plan wird offenbar.

An Pfingsten kommt der Heilige Geist auf die Erde und formt etwas völlig Neues. Die Bibel nennt es einen Leib, einen Körper. Gott öffnet allen Menschen die Gnadentür. Eine unvorstellbare Sternstunde! Der Unterschied zwischen Israel und den Nationen ist aufgelöst – die *»Zwischenwand der Umzäunung«* (Eph 2,14) wird abgerissen. Jeder, der an den Herrn Jesus glaubt, wird mit dem Heiligen Geist versiegelt, erhält neues Leben und eine wunderbare Zukunftsverheißung.

In der Tat eine spektakuläre Enthüllung für ein bahnbrechendes Geheimnis! Die Gemeinde Gottes ist geboren. Sie hat einen himmlischen Ursprung – auserwählt vor Grundlegung der Welt – und ein himmlisches Ziel. Sie ist der Botschafter Gottes auf der Erde. Sie ist in der Welt, aber nicht von der Welt. Sie scheint als Licht, während die Finsternis zum Greifen nahe ist. Sie ist Salz für ein fades 21. Jahrhundert.

Die Gemeinde ist nicht allein der Leib Christi, sie ist auch die Braut Christi. Sie befindet sich nach 2. Korinther 11 im Verlobungsstatus. Christus stirbt, verworfen von seinem Volk Israel, am Fluchholz und erwirbt sich gleichzeitig eine Braut, die er liebt und mit der er sich vermählen wird. Wenn du an den Herrn Jesus glaubst, gehörst du dazu. Kannst du verstehen, dass du *»Teilhaber der göttlichen Natur«* bist (2Petr 1,4), dass du die Sohnschaft empfangen hast? Gott hat dich in seine Familie aufgenommen, du hast eine Wohnung im Haus des Vaters. Als wir ohne Gott und ohne Hoffnung in dieser Welt waren, erschien die Güte und die Menschenliebe unseres Heiland-Gottes – und errettete uns. Sofort kommt diese unergründliche Frage in deinem Herzen auf: ›Warum ich? Warum hat Gott sich dieses Geheimnis ausgedacht? Warum rettet er jetzt Menschen aus jedem Stamm, jeder Sprache, jeder Nation? Warum gilt sein Erbarmen völlig verdorbenen und abgewrackten Typen wie mir?‹ »... *wie auch der Christus uns geliebt und sich selbst für uns hingegeben hat als*

Darbringung und Schlachtopfer, Gott zu einem duftenden Wohlgeruch« (Eph 5,2). Was ist am Kreuz geschehen? Ein Vulkanausbruch der Liebe!

Auf Golgatha wird das Geheimnis gelüftet und der Knoten gelöst. Dort »erliebt« sich Christus seine Braut. Dort breitet er seine Arme aus, um jedem – wirklich jedem – das Heil anzubieten. Bist du noch dankbar für deine Errettung? Huscht dir wenigstens noch ein dankbares Lächeln übers Gesicht, wenn du an das Kreuz denkst? Oder bist du geistlich so abgebrüht, hast es schon tausendmal gehört – und doch nie wirklich verstanden und erfasst? Die Freude darüber hat dich nie wirklich gepackt? Es ist wahrlich kein Fehler, jeden Tag unters Kreuz zurückzukehren und angesichts dessen anzubeten, dass du Teil dieses herrlichen Geheimnisses sein darfst.

Weil Christen Herdentiere sind, ist die Ortsgemeinde dein geistliches Zuhause. Dort wohnt der Herr, dort empfängt er dich zu jeder Gemeindestunde. Dort ist ein Ort, an dem er angebetet wird, an dem du mehr über ihn lernst. Dort hat Gott dich mit anderen geretteten Sündern zusammengestellt, und dort praktizierst du Einheit – einen Zustand, den sich der Herr Jesus ausdrücklich wünscht. Dort treffen sehr unterschiedliche Menschen aufeinander, mit großen und kleinen Macken. Sie halten es nur zusammen aus – oder, besser gesagt, sie können nur deshalb zusammen einen Organismus bilden –, weil dieser eine HERR sie eint und zusammenbringt. Verlieren sie ihn aus den Augen und aus dem Herzen, ist der kümmerliche Rest nicht besser als ein Kaninchenzüchterverein.

Nachdem die Gemeinde hier auf der Erde vom Himmel hat zeugen dürfen, wird der Tag kommen, an dem sie in den Himmel entrückt wird – ihre eigentliche und wirkliche Heimat. Sie geht nach Hause. *»Unser Bürgertum ist in den Himmeln, von woher wir auch den Herrn Jesus Christus als Heiland erwarten«* (Phil 3,20).

Auch wenn dieses einmalige Geheimnis der Gemeinde Gottes, der Braut Christi, am Kreuz gelüftet wurde, frage ich mich: Wird es nicht irgendwie doch immer ein Geheimnis bleiben? Das Geheimnis der unfassbaren *»herzlichen Barmherzigkeit unseres Gottes«* (Lk 1,78)? Werden wir nicht eine Ewigkeit lang fragen: »Warum ich?«

Wollen wir ihn, unseren Bräutigam, jetzt in dieser Zeit nicht doch ein wenig mehr lieben und ihm kompromissloser nachfolgen? *Er* hat es zweifellos verdient.

Selbst wenn die Welt mein Eigen wär,
Als ein Geschenk wär sie zu klein;
Doch weil Du mich so liebtest, Herr,
Will ich Dir ewig dankbar sein.[7]

Sternstunde 14

Geld – ein Zwei-Komponenten-Klebstoff

»Dies aber sage ich:
Wer sparsam sät, wird auch sparsam ernten,
und wer segensreich sät, wird auch segensreich ernten.«

— 2. Korinther 9,6 —

Die Bibel ist in ihrer Zusammensetzung an Vielseitigkeit nicht zu überbieten. Enthüllt sie, wie im vergangenen Abschnitt beschrieben, großartige Geheimnisse, die ganze Weltenzeiten umspannen, so redet sie mit derselben Präzision über die scheinbar ganz banalen Dinge unseres Lebens. In diesem Fall über das »liebe« Geld.

Du wendest vielleicht ein, dass Geld nicht gerade banal ist. Dreht sich heute nicht alles um die scheinbar »wichtigste Nebensache«? Wird dem Streben nach Reichtum und Wohlstand nicht die ganze Lebensplanung untergeordnet? Opfern Eltern nicht allzu oft ihre Kinder auf dem Altar ihrer Arbeit und Karriere? Hat die Gier nach Reichtum nicht schon so manche Beziehung zerstört? Mal abgesehen davon: Bildet das Geld in seinen Relationen noch Wirklichkeiten ab?

222 Millionen Kaufsumme für einen Fußballer und ein paar Tausend Euro für Boris Beckers alte Socken? Hier scheinen »Wert« und Preis nicht annähernd im Verhältnis zueinander zu stehen.

In einem auf den ersten Blick etwas merkwürdigen Buch des Alten Testaments, dem Prediger, haben wir Gelegenheit, dem weisesten Mann, der vor dem Kommen des Herrn Jesus auf der Erde gelebt hat, zu lauschen. Salomo, der König Israels, gibt uns in Kapitel 6 dieses wunderbaren Bibelbuches eine Insider-Information weiter, die in den einschlägigen Börsenblättern irgendwie übersehen wurde:

»Es gibt ein Übel, das ich unter der Sonne gesehen habe, und schwer lastet es auf dem Menschen: Ein Mann, dem Gott Reichtum und Güter und Ehre gibt und der nichts für seine Seele entbehrt von allem, was er wünschen mag; aber Gott ermächtigt ihn nicht, davon zu genießen, sondern ein Fremder genießt es. Das ist Eitelkeit und ein schlimmes Übel« (V. 1-2).

1. Gott gibt Reichtum, Güter und Ehre. *Er* behält es sich vor zu segnen. *Er* ist der Herr über das Gold und Silber. Damit räumt Gott mit dem gewaltigen Irrtum auf, dass es unsere Cleverness oder gar unsere Unverschämtheit sei, die uns Geld scheffeln lässt. Wer könnte Gott berauben?

2. Jetzt kommt der Knackpunkt: Geld hat eine besondere Eigenschaft: Es besteht nicht nur aus Metallen oder Papier. Es ist wie ein Zwei-Komponenten-Klebstoff. So, wie wenn man

ein Boot repariert und Polyester und Härter braucht. Fehlt eins von beiden, geht es nicht. Oder man baut ein Fenster mit 2K-Bauschaum ein. Ist die eine Düse verstopft, kannst du alles wegwerfen.

Was nun das Geld betrifft, so gibt uns Salomo, fast beiläufig, eine lebenswichtige Info – Geld besteht aus ...

... dem **Zahlungsmittel**; und
... der **Fähigkeit**, es zu genießen.

Salomo beschreibt in obigem Vers den *Worst Case*. Es kann sein, Gott gibt dir Güter und Ehre, *aber* er gibt dir nicht die Fähigkeit, es zu genießen. Er entzieht dir die zweite Komponente deines finanziellen Bauschaums. Du hast einfach keine Freude daran. Der Prediger beschreibt es so: *»Das ist Eitelkeit und ein schlimmes Übel«* (V. 2). Daran leiden unzählige »Neureiche« und »Sternchen« unserer Tage, aber mit Sicherheit auch jeder zweite »Normalo« und, auch das ist zu befürchten, der eine oder andere Christ.

Du hast jahrelang auf einen bestimmten Punkt hingearbeitet, hast verzichtet und geschwitzt, hast geopfert und gebuckelt – und dann endlich war es so weit: das Auto, das Haus, der Urlaub deiner Träume. Aber du kannst all das nicht genießen. Vielleicht haben sich die »Rahmenbedingungen« geändert – der, mit dem du das Haus bewohnen wolltest, hat dich verlassen. Du hast die oberste

Stufe deiner Karriereleiter mit viel Ellenbogeneinsatz erreicht, und plötzlich merkst du, dass es dort oben sehr einsam ist, die Luft sehr dünn. Du hast Genuss und Erfüllung erwartet, aber dir begegnet ein stumpfes Gefühl von Leere und Sinnlosigkeit – in der Tat ein »schlimmes Übel« –, regelrecht unerträglich.

Dazu hier zwei Denkanstöße:

1. *»Eitles und Lügenwort entferne von mir, Armut und Reichtum gib mir nicht, speise mich mit dem mir beschiedenen Brot«* (Spr 30,8).

Auch wenn dieser Vers nicht von Salomo stammt – aus dem Mund Agurs klingt er noch glaubwürdiger. Geld ist für jeden Christen nicht nur Segen, sondern auch Gefahr. Wir können in der Regel schlecht damit umgehen. Weil Agur die Gefahren des Geldes kennt, bittet er Gott, ihm keinen Reichtum zu geben. Damit lebt er ein volles Kontrastprogramm zu den übrigen Menschen. Er lässt sich vom Geld nicht beeindrucken, weiß er doch, dass er es ohne Gott nicht genießen kann. Er hat keine Freude am Sammeln, sondern am Verteilen. Er gebraucht es und betet um Bewahrung vor Missbrauch.

Er kennt Armut und hat umso mehr die Fähigkeit, sich über bescheidene Glücksmomente zu freuen. Glückliche Gelassenheit empfängt er von Gott und gibt Gott zurück. Agur weiß, dass ein anderer ihn speist. Sein gedeckter Tisch ist nicht das Resultat seiner Pfiffigkeit, sondern die herzliche Barmherzigkeit eines gebenden Gottes.

2. »... *sondern ein Fremder genießt es*« (Pred 6,2).

Es ist ein göttliches Prinzip, dass mit jedem Segen auch Verantwortung verbunden ist. Auch diese Lektion steckt in unserem »Zwei-Komponenten-Klebstoff«. Die Spaßgesellschaft unserer Zeit scheint unersättlich zu sein: »*Alle Flüsse laufen in das Meer, und das Meer wird nicht voll; an den Ort, wohin die Flüsse laufen, dorthin laufen sie immer wieder. Alle Dinge mühen sich ab: Niemand vermag es auszusprechen. Das Auge wird des Sehens nicht satt, und das Ohr nicht voll vom Hören*« (Pred 1,7-8). Aber auch da merken die Konsum-Menschen, dass so manches Vergnügen seinen Preis hat. Alkohol-, Drogen-, Sex- und Spielsucht haben bittere und nicht selten tödliche Endstationen. Nein, wir können nicht drauflossündigen, ohne die Rechnung zu erhalten.

Gibt Gott dir Geld, dann hängt an jedem Schein ein kleines göttliches Merkblatt mit Hinweisen zur sinnvollen Nutzung.

Gibt Gott dir eine Frau, dann mit dem Ziel, diese Frau zu nähren und zu pflegen, und nicht, um mit ihr rücksichtslos und in egoistischer Gier umzugehen.

Gibt Gott dir Kinder, dann mit dem Ziel, damit du die geliehenen Gaben für ein Leben mit Gott fit machst, und nicht, damit du deine Träume auf deine Kinder überträgst und sie deinen Glanz vermehren sollen.

Gibt Gott dir Geschwister und eine Gemeinde am Ort, dann mit der Absicht, damit du mit ihnen das Lob Gottes mehrst. Du darfst investieren und sollst nicht nur konsumieren.

Gibt Gott dir Gesundheit, dann danke jeden Tag dafür und gebrauche Hirn und Hand, um die Werke zu tun, die Gott bereitet, *»damit wir in ihnen wandeln sollen«* (Eph 2,10).

Gott ist und bleibt der HERR, der regiert, gerade auch das Geld. – *»Denn wer kann essen und wer kann genießen ohne ihn?«* (Pred 2,25; UELB). Die Gabe des Genusses hat er sich vorbehalten, und wir kleine Menschen werden daran nichts ändern.

Wohl uns, wenn die Erfahrung Wesleys auch die unsere wird: »Geld bleibt nie bei mir. Es würde mich verbrennen, wenn es mir bliebe. Ich werfe es so schnell wie möglich von mir, damit es nicht etwa seinen Weg in mein Herz findet.«[8]

»Als aber Jesus es hörte, sprach er zu ihm: Noch eins fehlt dir: Verkaufe alles, was du hast, und verteile es an die Armen, und du wirst einen Schatz in den Himmeln haben; und komm, folge mir nach!«

— Lukas 18,22 —

Stern stunde

15

Abrahams »Sternenstunde«

»Und er glaubte dem HERRN.«

— 1. Mose 15,6 —

Wenn das keine Sternstunde war, was dann? Diese Begebenheit strahlt weit ins Neue Testament hinein, und Sterne spielen dabei keine unbedeutende Rolle. Doch der Reihe nach ...

Je länger ich über die Geschichte Abrahams nachdenke, desto faszinierter bin ich. Was bringt einen erfolgreichen mittelständischen Unternehmer dazu, seine Zelte abzubrechen und eine Reise anzutreten, von deren Ziel und Ende er keinen blassen Schimmer hat? Wer macht so etwas? Und vor allem: Warum? Wir haben uns schon so sehr an diesen Bericht gewöhnt, dass uns das Spektakuläre und Unverständliche daran überhaupt nicht mehr vom Hocker reißt.

Ich habe mich oft gefragt, was mich wohl zu einer solchen Entscheidung bringen könnte. Eine nicht nur befriedigende, sondern vollends überzeugende Antwort fand ich vor einigen Jahren in Apostelgeschichte 7. Dort sagt Stephanus: *»Der Gott der Herrlichkeit erschien unserem Vater Abraham, als er in Mesopotamien war, ehe er in Haran wohnte, und sprach zu* *ihm: ›Geh aus deinem Land und aus deiner Verwandtschaft und komm in das Land, das ich dir zeigen werde‹«* (V. 2-3). Das trieb Abraham an: die Begegnung mit dem *»Gott der Herrlichkeit«*. Er hatte einen Eindruck von der überwältigenden Größe Gottes bekommen. Er hatte Gott gesehen. Es war die absolute Einzigartigkeit des Rufenden, die ihn in Bewegung setzte. Interessant ist dabei, dass Lukas in dem Zitat das Wörtchen »komm« einfügt. »Komm« kann nur jemand sagen, der schon da ist.

Abram, wie sein Name zu dieser Zeit noch hieß, folgt diesem abenteuerlichen Ruf und erreicht einen Ort zwischen Bethel und Ai. Die Namen bedeuten »Haus Gottes« und »Trümmerhaufen«. Was dann folgt, ist sehr ernüchternd. Abram hält sich aufgrund einer Hungersnot nicht nur vorübergehend im falschen Land Ägypten auf, sondern verleugnet dort auch noch seine Frau Sarai (die später Sara hieß). Das ist bitter. Es war ihm wichtiger, sein nacktes Leben zu retten, als seine Frau vor möglicher Vergewaltigung zu schützen: *»Sage doch, du seist meine Schwester, damit es mir wohl ergehe«* (1Mo 12,13). Er ist leider weder der erste noch der letzte Ehemann, der meint, es müsse vor allem ihm selbst gut gehen. Werden wir diesen Irrtum mit ins Grab nehmen? Wollen wir uns nicht lieber von Abrams egoistischen Worten abschrecken lassen? Wenn wir heiraten, dann doch, damit es dem anderen gut geht. Oder etwa nicht?

Was nun folgt, sind zwei sehr beeindruckende Episoden in Abrams Leben. Zunächst verzichtet er auf sein Recht und überlässt Lot die fruchtbaren Ebenen. Dabei erlebt er, dass es kein Verlust ist zu verzichten. Gott spricht ihm unmittelbar nach seinem selbstlosen Verzicht das ganze Land zu (1Mo 13,14-15). Im darauffolgenden Kapitel handelt Abram nicht nur selbstlos, sondern setzt sich auch mit seinem Vermögen gerade für die Person ein, die kurz zuvor noch durch Rücksichtslosigkeit geglänzt hatte.

Kapitel 15 beginnt mit einer besonderen Verheißung Gottes: »Fürchte dich nicht, Abram; ich bin dir ein Schild, dein sehr großer Lohn.« Abram nimmt diese Verheißung sehr ernst und fragt Gott, wie er sich den versprochenen Lohn vorstellt. Genau an dieser Stelle startet die besagte Sternstunde. Es ist Nacht, und Gott führt Abram nach draußen. »Schau nach oben! Kannst du die Sterne sehen? Das ist die Zahl deiner Kinder, Enkel, Urenkel ...« Die biologischen Uhren dieses alten Ehepaares waren abgelaufen. Seit Jahren marterte Abram der Gedanke, wer ihn beerben würde. Die Zukunft war nicht nur unklar, sie war wie ein schwarzes Loch. Wozu hat er diese lange Reise unternommen? Um hier in der Fremde alt zu werden und ohne Nachkommen zu sterben?

Was Gott jetzt zu ihm sagt, ist unglaublich, scheinbar völlig realitätsfern. Aber es ist nicht Lot, der mit ihm redet, oder irgendein anderer Mensch. Nein, es ist Gott. Damals in Mesopotamien hatte er ihn gesehen, den *»Gott der Herrlichkeit«*. In die nächtliche Stille sagt Abram dieses phänomenale »Amen«. »Ich glaube dir.« »Du hast recht.« »Genau so wird es werden!«

In diesen Augenblicken wird ein Lebensstil geboren, den die Bibel *Rechtfertigung aus Glauben* nennt. Zum ersten Mal finden wir hier dieses Wort in der Bibel. Zum ersten Mal vertraut ein Mensch Gott gegen jede Erfahrung, gegen jedes bessere Wissen, gegen jede Wahrscheinlichkeit. Er sagt *Amen*, allein weil Gott geredet hat, der Gott der Herrlichkeit. Dieses Reden, diese Verheißung aus dem Mund eines einzigartigen Gottes, hat solch ein unglaubliches Gewicht, dass Abram glaubt und vertraut.

Gott wiederum ist dieser Glaube Abrahams so wertvoll, dass er umgehend mit einem Prinzip antwortet, das wiederum seinesgleichen sucht. Er *rechtfertigt* Abraham. Er spricht ihn gerecht. Er belohnt und beantwortet seinen Glauben. Die Rechtfertigung aus Glauben ist geboren! Haben wir eine Ahnung, was in diesen drei Sekunden der Weltgeschichte passierte?

Es kommt vor, dass wir uns als Christen auch Gläubige nennen, also Menschen, die durch Glauben gekennzeichnet sind. Gott hat diese Geschichte nicht aufgeschrieben, um uns ein anerkennendes Pfeifen zu entlocken. Er hat sie uns vielmehr als Beispiel gegeben. Gott redet in Römer 4 *»vom Glauben Abrahams, der unser aller Vater ist«* (V. 16). Als du dich bekehrt hast, wurdest du in eine Glaubensfamilie hineingeboren. Aber *Geburt* und *Leben* sind zwei verschiedene Paar Schuhe. Das meint Paulus, wenn er in Kolosser 2 schreibt: *»Wie ihr nun den Christus Jesus, den Herrn, empfangen habt, so wandelt in ihm«* (V. 6). Wenn du durch Glauben gerechtfertigt wurdest, warum fällt es dir jetzt so schwer, aus Glauben zu leben? Hat Gott sich geändert? Sind wir gut beraten, uns doch wieder auf unseren Verstand zu stützen, die Dinge selbst in die Hand zu nehmen? Haben wir vergessen, dass Salomo rät: *»Vertraue auf den HERRN mit deinem ganzen Herzen, und stütze dich nicht auf deinen Verstand«* (Spr 3,5)?

»Ohne Glauben aber ist es unmöglich, ihm wohlzugefallen; denn wer Gott naht, muss glauben, dass er ist und denen, die ihn suchen, ein Belohner ist« (Hebr 11,6). Glauben durchzieht unser Leben wie das Blut, das in unseren Adern fließt. Spurgeon hat einmal gesagt: »Glauben heißt, Gott zum größten Faktor in unseren Berechnungen [zu] machen und dann nach der gesündesten Logik [zu] rechnen.«[9] Für alle Entscheidungen in unseren menschlichen Beziehungen – ob Ehe oder Kindererziehung, in unserem Berufsleben, in finanziellen und alltäglichen Angelegenheiten – brauchen wir Glauben. Hudson Taylor formulierte es so: »Wir brauchen keinen großen Glauben, sondern einen Glauben an einen großen Gott.«[10]

Kierkegaard war über den Unglauben der Christen so erschrocken, dass er folgendes Gleichnis schrieb:

»Ein Haufen schnatternder Gänse wohnt auf einem wunderbaren Hof. Sie veranstalten alle 7 Tage eine herrliche Parade. Das stattliche Federvieh wandert im Gänsemarsch zum Zaun, wo der beredtste Gänserich mit ergreifenden

Worten schnatternd die Herrlichkeit der Gänse dartut. Immer wieder kommt er darauf zu sprechen, wie in Vorzeiten die Gänse mit ihrem mächtigen Gespann die Meere und Kontinente beflogen haben. Er vergaß nicht, dabei das Lob an Gottes Schöpfermacht zu betonen. Schließlich hat er den Gänsen ihre kräftigen Flügel und ihren unglaublichen Richtungssinn gegeben, dank deren die Gänse die Erdkugel überflogen.

Die Gänse sind tief beeindruckt. Sie senken andächtig ihre Köpfe und drücken ihre Flügel fest an den wohlgenährten Körper, der noch nie den Boden verlassen hat. Sie watscheln auseinander, voll Lobes für die gute Predigt und den beredten Gänserich. Aber das ist auch alles.

Fliegen tun sie nicht, denn das Korn ist gut, und der Hof ist sicher.«[11]

Stellen wir noch immer jeden Sonntag die Stühle in der Versammlung in Ur? Ist der Raum immer noch zum Platzen voll? Glauben wir noch oder wieder?

»Euch geschehe nach eurem Glauben« (Mt 9,29).

*»Blickt hin auf Abraham,
euren Vater, und auf Sara,
die euch geboren hat; denn ich
rief ihn, den Einen, und ich
segnete ihn und mehrte ihn.«*

— Jesaja 51,2 —

Sternstunde

16

Gebetsverzicht ist gefährlicher als eine Grube voller Löwen

Das hatten wir lange nicht – die beiden Hauptakteure der Reformation gingen auf die Knie. England und Deutschland. Die Symbolik eines knienden Menschen ist hinreichend bekannt. Es ist ein gesetztes Symbol – so wie der Regenbogen. Aber so wie einige wenige den farbigen Bogen in den Wolken zweckentfremden, so hatte auch die lächerlich heuchlerische Geste im Wembley-Stadion am 29. 6. 2021 gar nichts mit Gebet oder Demut zu tun. Wenn überhaupt, dann kniete man vor sich selbst, vor seinem Ego. Wer wollte, der konnte es sehen, das goldene Standbild der sogenannten Freiheit und des Diskriminierungsverbotes, vor dem 22 Millionäre auf die Knie gingen.

Und damit wären wir bei dem Thema – Gebet. Wirkliches Gebet. Die Sternstunde des Gebets. Dazu müssen wir uns Daniel 6 ansehen. Daniel, inzwischen ein alter Mann, der die Regierung einiger Herrscher überlebt hatte, könnte sich nun am Ende seines Lebens eigentlich in ruhigeres Fahrwasser begeben. War sein Leben nicht voller Anspannung und Herausforderungen? Hatte er seine Prüfungen nicht mit Bravour bestanden?

Auch im Alter hatte er noch Neider. Plagiatsjäger, die *»keinen Anklagegrund und keine schlechte Handlung«* (V. 5) finden konnten. So ersannen sie ein perfides Gesetz. Die Falle wurde entworfen, und diese Falle war todsicher. Sie meinten, Daniel zu kennen. Entweder er würde nicht mehr beten – und das empfanden sie als einen gewaltigen Triumph –, oder er würde von den Löwen zerrissen werden. Dem König schmeichelte die Gesetzesvorlage. Er überblickte nicht die verdorbenen Herzen. Er erlässt ein Gesetz, das er selbst nicht mehr ändern kann.

Daniel erfährt davon. Was wird er tun? Die alles entscheidende und überaus spannende Frage. Hält er Rücksprache mit seinen Freunden? Fragt er sie, so wie er es früher tat? Nimmt er eine geistliche Auszeit, um einen »klaren Kopf zu bekommen«, so widersinnig ein solches Vorhaben schon im Ansatz auch sein mag?

»Und als Daniel erfuhr, dass die Schrift aufgezeichnet war, ging er in sein Haus« (V. 11). Er überlegte keine Sekunde. Er hatte nicht vergessen, wie Gott ihn Jahrzehnte zuvor erhört hatte. Wer konnte damals schon wissen, was der König geträumt hatte? Und wer hätte dann diesen Traum deuten können? Wenn da nicht das Gebet gewesen wäre! Und Daniel und seine Freunde erleben, wie Gott ihnen Dinge offenbart, die eben auch nur *er* offenbaren konnte. Wie mag Daniel gejubelt haben, dass er zu diesem Gott beten konnte und dass dieser wunderbare Gott tatsächlich hört!

Nein, es gab nichts zu überlegen. Nicht für Daniel. *»Mein Gott ist Richter«* – seine Rechtssache übergibt er dem Allerhöchsten. *»Er hatte in seinem Obergemach offene Fenster nach Jerusalem hin.«* Diese Fenster hätte man natürlich schließen können. Unten standen schließlich die Leute von der STASIDA – von der Staatssicherheit des Königs Darius. Sie lauerten darauf, dass er einfach so weiterbeten würde, wie er es bisher getan hatte. Erbärmlich ihre Gesinnung, niederträchtig ihre Tat.

Was hättest du getan? Was hätte ich getan? Ich hätte mir sofort einige Ausreden ausgedacht, fromme natürlich. Man kann ja auch die Fenster schließen. Man kann auch leise beten. Man muss ja nicht zu festen Zeiten beten. Man kann auch herrlich im Wald »mit Gott reden«. Ich will gar nicht weiterdenken – ich weiß nur so viel, dass es erschreckend ist, wie wenig Bedeutung wir (ich) dem regelmäßigen Gebet beimesse(n).

»Dreimal am Tag kniete er auf seine Knie« (V. 11). Eine antiquierte Gebetshaltung? Seit Wembley wohl kaum. Welch eine angemessene Haltung, mit dem Allmächtigen zu reden! Und die Löwengrube? Daniels Argumentation lautete: »Ich bin doch nicht wahnsinnig und verzichte auf das Gebet. Das ist doch extrem gefährlich. Das könnte mein Leben kosten.« Wir argumentieren: »Ich gehe doch nicht in die Löwengrube – nur wegen eines Gebets!« Und wir kürzen wieder einmal unsere Gebetszeit, sollten wir denn eine haben, oder reduzieren die Intensität.

Daniel *»betete und lobpries vor seinem Gott«* (V. 11). Hast du momentan nicht so viele Gebetsanliegen, dann gibt es doch einen ganz wesentlichen Grund zu beten – und das ist, Gott zu loben, ihn zu preisen, seine Größe zu erheben. Gehört das nicht zu unseren Gewohnheiten? Dann leben wir wie die Heiden.

Die »Inoffiziellen Mitarbeiter« des Königs finden Daniel *»betend und flehend vor seinem Gott«* (V. 12). Es ist anzunehmen, dass er nicht nur für sich selbst flehte. Vielleicht betete er für die armen Kreaturen, die gerade eine Instagram-Story für König Darius zusammenstellten, mit einem knienden Daniel in der Hauptrolle. »Betend« bedeutet, dass Gebet ein Ausdruck seines Lebensstils darstellte. Es war sein »Way of Life«. Hatte er eine Freude, dann teilte er sie mit Gott. Hatte er eine Not, dann ging er zuerst zu dem »Heiland der Welt«. Wer kann schließlich besser heilen als der Heiland?

Die Anklageschrift war bereits verfasst. *»Er verrichtete dreimal am Tag sein Gebet«* (V. 14). Das reichte damals, um in die Löwengrube geworfen zu werden. Wird es auch bald in Europa ausreichen?

Der König, Sklave seines eigenen Gesetzes, versucht, Daniel zu retten. Er kann es nicht. Aber er stellt ihm noch ein besonders feines Zeugnis aus: *»Dein Gott, dem du ohne Unterlass dienst, er möge dich retten!«* (V. 17). *Ohne Unterlass* – Daniel gehörte nicht zu denen, die die Torheiten des Alters um den Lohn ihres Lebens brachten. Nein, im Gegenteil, er darf am Ende seines Lebens seinen größten Triumph feiern. Sein Vertrauen auf seinen Gott wird außerordentlich belohnt. Er knickt nicht ein, und er stirbt auch nicht – von Löwen zermalmt. Seine Rettung ist der Anlass zu einem gewaltigen Lobpreis, den König Darius an alle Völker, Völkerschaften und Sprachgruppen in seinem Reich versendet.

Die »IMs« dagegen empfangen eine gerechte Strafe. Dafür musste nicht Daniel sorgen, dafür sorgte Gott.

Macht die Geschichte nicht nachdenklich? Welche Bedeutung misst du dem Gebet bei? Wäre heute ein geeigneter Tag, mit regelmäßigen Gebetszeiten zu beginnen? Was hält dich ab? Wer hält dich ab? Denkst du noch immer, es wäre nicht wichtig? Dann gehe morgen in den Zoo und schau dir die Löwen an! Sie sind längst nicht so gefährlich wie ein Verzicht auf das regelmäßige Gebet.

Daniels Gebetsgeschichte ist nicht nur Anklage, sie ist auch Motivation in einer immer dunkler werdenden Zeit. *»Inmitten eines verdrehten und verkehrten Geschlechts«* (Phil 2,15) leben wir. Das wird wohl kein Christ mehr leugnen. Wie viel nötiger haben wir da das Gebet – persönlich, in kleinen Gruppen und in der Gemeinde.

Fang an!

Sternstunde 17

Sternstunde ohne Sterne

Was sind all die »Sternstunden«, über die wir bisher nachgedacht haben, im Vergleich zu der einzig wahren Sternstunde? Lass mich dazu ein wenig ausholen.

Der christliche Glaube ist im Kern weder Religion noch Sonntagsbeschäftigung. Wenn, dann ist er schon eher eine »Weltanschauung«. Ich laufe durch die Welt und schau sie mir an. Das bringt mich unweigerlich zu der Frage, wer ich bin, woher ich komme und was das alles ist, was mich umgibt. Ich schau die Welt an, und diese faszinierende wunderliche Welt zwingt mir genau diese Fragen auf. Kinder, deren wacher Geist noch nicht so medial abgetötet ist wie bei uns Erwachsenen, fragen unaufhörlich: *»Warum?«* Das ist normal. Völlig normal. Sie entdecken ihre Welt und haben sofort unzählige Fragen.

Meine Antwort auf das inzwischen 60-jährige »Weltanschauen« ist die Überzeugung, dass ein Planer hinter meinem Menschsein steckt. Ich muss ein Geschöpf Gottes sein – das ist die vernünftigste und logischste Antwort, die ich auf mein Hiersein gefunden habe.

Das hat nun zur Folge, dass ich als Geschöpf mit meinem Gott in Frieden leben möchte. Da ich von Geburt an ein

Rebell gegen Gott war, brauchte ich dafür eine Lösung. Die Bedingungen für diese Lösung hat Gott festgelegt – nun, wie sollte ich es auch als kleines Menschlein sonst bewerkstelligen? Schuld muss durch ein Opfer gesühnt werden. Ein Opfer, das ich nicht bringen kann. Wieder war und bin ich ganz auf Gott angewiesen.

Gottes Plan war nun, seinen Sohn auf diese Erde zu schicken. Der Schöpfer tritt tatsächlich in seine Schöpfung ein. Gott wird Mensch – kein größeres Wunder ist je geschehen.

Gott liebt seine Welt, seine Schöpfung, seine Geschöpfe. Und so beschließt er, seinen Sohn mit meiner Schuld zu bestrafen, an meiner Stelle zu töten. Er bringt dieses Opfer, um dem Menschen eine Brücke zu bauen, über die er wieder zu Gott gelangen kann. Der Mensch weiß normalerweise von diesem unbeschreiblichen Angebot und muss und darf mit *Glauben* antworten. Er muss über diese Brücke gehen.

Dieser Vorspann war nötig, damit du verstehst, was ich im Folgenden beschreiben möchte.

Die Bibel berichtet in den vier Evangelien über das Leben Jesu. Es war ein Leben zur Ehre und Freude Gottes. Er war der Einzige, der Gottes Ehre suchte. Welch ein Genuss für den Vater im Himmel, einen Menschen zu beobachten, der seinen Willen tat!

In Johannes 18,4 erfahren wir eine gewisse Besonderheit im Leben Jesu: *»Jesus nun, der alles wusste, was über ihn kommen würde, ging hinaus und sprach zu ihnen: Wen sucht ihr?«* Keiner von uns Menschen weiß, was in der Zukunft liegt – schon gar nicht wissen wir »alles«, was uns begegnen wird. Dass Gott es für uns Menschen so eingerichtet hat, kann uns nur unendlich froh machen. Aber bei dem Herrn Jesus war es anders. Er wusste alles, was ihm begegnen würde. Er wusste, dass das Kreuz vor ihm lag. Ob es deshalb in Hiob 16,16 heißt, dass auf seinen Wimpern der *»Schatten des Todes«* lag?

Wenn ich über diese »Sternstunde« nachdenke – über das, was am Kreuz geschah –, dann nur mit größter Ehrfurcht, Scheu und Zurückhaltung. Der Herr erleidet körperliche Qualen von Backenstreichen (man schlug ihn ins Gesicht) bis zur Geißelung. Er erleidet seelische Qualen von Enttäuschung und Verrat bis zu Verhöhnung. Was waren das für Schmerzen, von denen verspottet zu werden, denen diese ganze Rettungsaktion galt? Es hat sein Herz *»gebrochen«*, wie Psalm 69 berichtet.

In Markus 14 redet er mit seinem Vater über das bevorstehende qualvolle Werk. Dabei sagt er den folgenden Satz: *»Nimm diesen Kelch von mir weg!«* (V. 36). Welch eine Verletzlichkeit, welch ein ungeheurer Druck, welche Not schreit aus diesen Worten! Ja, der Herr betet weiter. Aber wir lesen diesen Satz zu schnell zu Ende. Lasst uns nach »weg« ein wenig Luft holen – und dann weiterlesen.

Nachdem man den Herrn Jesus gekreuzigt hat, geschieht etwas ganz Außergewöhnliches. Die Erde verfinstert sich. Gott greift sichtbar ein. Zwischen 12 und 15 Uhr scheint es das Leben nicht zu geben. Die Bibel schweigt über diese Zeit.

Sie berichtet nichts über die Menschen. Standen sie regungslos an ihrer Stelle? Wurden sie von Gott in dieser Zeit ihrer Stimme beraubt? Eine völlige Finsternis, die uns keinen Einblick in diese Stunden gewährt.

Wir erfahren auch nichts über unseren geliebten Herrn Jesus. Gott zieht den Vorhang zu. Was in diesen drei Stunden zwischen ihm und seinem Sohn geschieht – es wird wohl für immer ein Geheimnis bleiben. Drei Sternstunden ohne Sterne. Stunden, deren Schrecken und Not nicht zu beschreiben sind. Gott richtet seinen Sohn für meine Schuld und für meine Verfehlungen. Der Herr Jesus wird »zur Sünde« gemacht. Würde die Schrift nicht so reden, wer von uns würde je wagen, diesen Gedanken zu denken? *»Den, der Sünde nicht kannte, hat er für uns zur Sünde gemacht, damit wir Gottes Gerechtigkeit würden in ihm«* (2Kor 5,21).

Nach diesen zweifellos wichtigsten Stunden der Menschheit neigt unser Herr sein Haupt und stirbt. Aber zuvor berichtet wieder Markus, der ja kein Augenzeuge war und seine Informationen mit hoher Wahrscheinlichkeit von Petrus hatte, dass der Herr Jesus »schreit«. *»Jesus aber gab einen lauten Schrei von sich und verschied«* (Mk 15,37). Jeder Versuch, diesen Vers zu kommentieren, muss scheitern. Mein Herr und Heiland hängt am Kreuz, und seine Not ist so groß, dass er nicht mehr redet – sondern nur noch schreit. Seine bekannten »sieben Worte am Kreuz« sind gesprochen – jetzt folgt das achte: ein Schrei.

Es gibt für unsere Nachfolge nichts Heilsameres, als von Zeit zu Zeit zum Kreuz zurückzukehren. Sein Schrei möge uns immer öfter ins Herz fahren, dann brauchen wir nicht mehr über Hingabe reden. Als Nikolaus Ludwig Graf von Zinzendorf an einem Bild des Gekreuzigten vorüberging, war er so be- und getroffen, dass er einen Schritt näher trat, um die Unterschrift unter diesem Bild zu lesen. Dort stand: »Das tat ich für dich, was tust du für mich?« Das war die Wende in seinem Leben. Nicht nur sein Vermögen – nein, sein ganzes Leben stellte er von nun an unter die Herrschaft des Gekreuzigten. Welch ein Segen hat durch sein Leben gewirkt.

Bleibt die Frage nach meiner Antwort, nach deiner Antwort. Das Kreuz rückt alles zurecht. Es zeigt, wer und was der Mensch ist. Aber es zeigt vor allem, wer und wie Gott ist.

Das Kreuz ist der Maßstab.
Das Kreuz ist die Rettung.
Das Kreuz ist die Sternstunde ohne Sterne.

Nachglimmen

Jetzt hast du dich bis zum Ende dieses Buches durchgekämpft. Wir haben ganz unterschiedliche Sternstunden gesehen: aufsehenerregende und verborgene, gefährliche und »harmlose«, erbetene und unerwartete, kräftezehrende und solche, die sich im Herzen abgespielt haben. Jetzt denkst du dir vielleicht: ›Es war für diese Personen bestimmt toll, solche Sternstunden zu erleben. Aber was hat das mit mir zu tun?‹

Es ist mir wichtig, dich noch einmal daran zu erinnern, dass Gottes Helden nicht unbedingt in den Geschichtsbüchern dieser Welt auftauchen und dass auch du die Möglichkeit hast, so eine Sternstunde zu erleben. Dazu musst du keine Bäume ausreißen. Ich bin überzeugt, dass überall da Großes geschehen kann, wo Menschen Gott durch Vertrauen ehren wie Abraham, treu im Kleinen sind, sich ihrer Abhängigkeit von Gott bewusst sind wie Josaphat, vor seinem Wort zittern wie Josia oder bereit sind, für ihre Überzeugungen einzustehen wie Schamma. Das wird zunehmend mit Gegenwind verbunden sein (wie bei Schiphra und Pua), aber wir stehen nicht allein da (denk an die Bretter!) ...

Vielleicht kannst du aber auch anderen dabei helfen, solche Sternstunden zu erleben, indem du ein offenes Auge für andere hast, wie Tabitha, oder du dir von Gott weise Worte im richtigen Moment schenken lässt.

Vielleicht erinnerst du dich auch an Augenblicke in deinem Leben, in denen Gott klar eingegriffen oder zu dir gesprochen hat. Dann danke ihm dafür, vergiss es nicht und erzähle anderen davon.

»Du kommst dem entgegen, der Freude daran hat, Gerechtigkeit zu üben, denen, die sich auf deinen Wegen an dich erinnern« (Jes 64,4).

Zuletzt möchte ich noch einmal auf die erste Sternstunde zurückkommen – erinnerst du dich noch? Josuas Rede? Die eine Sache, ohne die alles Weitere wertlos ist?

Achte sehr auf deine Seele,
dass du den HERRN, deinen Gott, liebst!

Ich wünsche es dir und mir.

Abkürzungen

A. d. H.	Anmerkung des Herausgebers
Luther 1984	Die Bibel nach der Übersetzung Martin Luthers, Textfassung 1984, Deutsche Bibelgesellschaft, Stuttgart 1985.
RELB	Elberfelder Übersetzung, revidierte Fassung, Wuppertal: R. Brockhaus Verlag.
Schlachter 2000	Die Bibel, übersetzt von F. E. Schlachter (Version 2000), Genf.
UELB	Elberfelder Übersetzung, nicht revidiert, Berlin, 1961.

Endnoten

1 https://de.wikisource.org/wiki/Abschiedsbrief_Stefan_Zweigs (abgerufen am 20.10.2021).

2 Wie bei Eleasar (vgl. 2Sam 23,10).

3 Joppe (Japho) war eine Station der Flucht Jonas vor dem göttlichen Auftrag, an deren Ende er die im Text beschriebene Lektion lernte.

4 https://www.spiegel.de/politik/ausland/grossbritannien-hat-kuenftig-ein-ministerium-fuer-einsamkeit-a-1188423.html (abgerufen am 20.10.2021).

5 A. d. H.: So die aus Hesekiel 33,10 zitierte Frage nach dem Wortlaut von Luther 1984.

6 https://www.erf.de/lesen/themen/glaube/immer-mit-der-ruhe/2803-542-6234 (abgerufen am 20.10.2021).

7 4. Strophe des Liedes »Seh ich Dein Kreuz, das Marterholz« (Original: »When I Survey the Wondrous Cross« von Isaac Watts), deutsche Nachdichtung: William Kaal.

8 https://www.evangeliums.net/zitate/john_wesley.htm (abgerufen am 20.10.2021).

9 Zitiert aus: C. H. Spurgeon, Auf Dein Wort. Andachten für jeden Tag, Bielefeld: CLV, 9. Auflage 2004, S. 16 (Andacht für den 10. Januar).

10 https://www.evangeliums.net/zitate/hudson_taylor_seite_4.html (abgerufen am 20.10.2021).

11 https://www.the-art-of-life.at/journal/2020/angst-vor-der-freiheit (abgerufen am 20.10.2021).